Die 12 Tore zur Sophikratie

Entwürfe für die Zukunft – Band 27

Kontakt: www.HarryEilenstein.de
Harry.Eilenstein@web.de
Harry Eilenstein bei youtube

Verlag: BoD · Books on Demand GmbH, Überseering 33, 22297 Hamburg, bod@bod.de
Druck: Libri Plureos GmbH, Friedensallee 273, 22763 Hamburg

ISBN: 978-3-8192-0912-3

Inhaltsübersicht

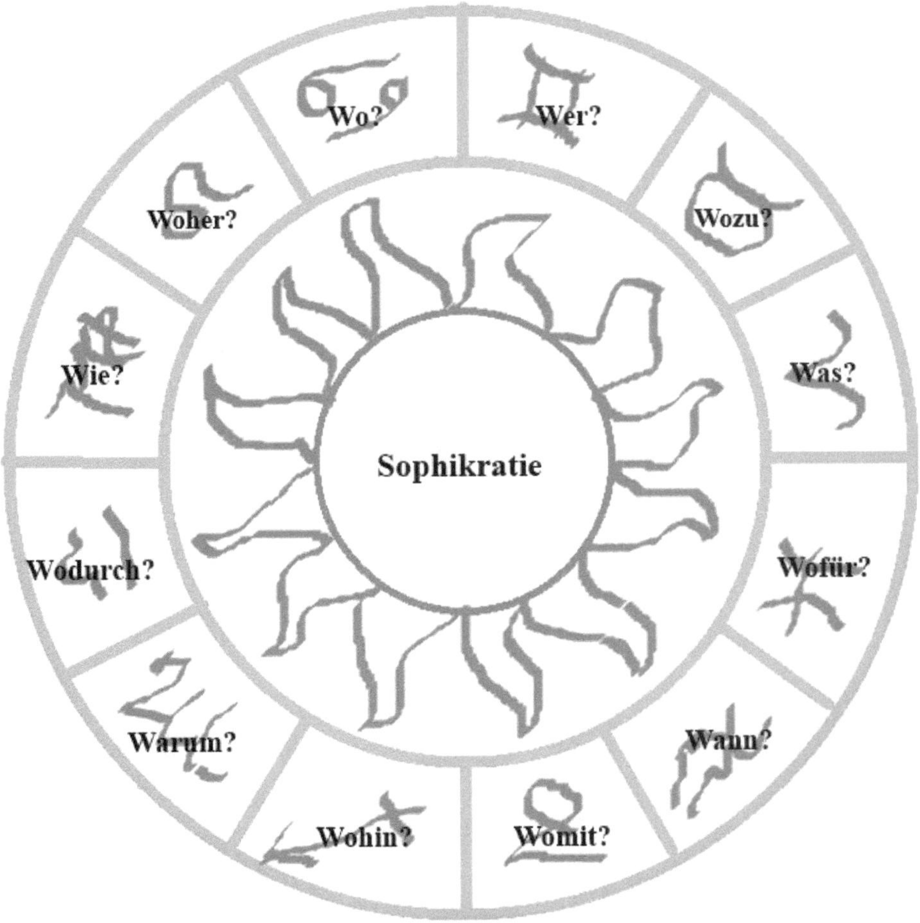

Warum 12?

Alle Bücher dieser Reihe haben genau 12 Kapitel – was sich ja auch in den Titeln dieser Bücher widerspiegelt. Warum?

In diesen Büchern wird der Tierkreis als Matrix von 12 verschiedenen Sichtweisen auf die Welt verwendet, um das Thema des Buches möglichst umfassend in 12 Kapiteln zu betrachten. Dadurch wird eine ausgewogenere, umfassendere und tiefere Einsicht in das jeweilige Thema erlangt als es ohne ein solches Raster, ohne eine solche Matrix möglich wäre.

Der Tierkreis wird in dieser Buch-Reihe als Forschungs-Hilfsmittel benutzt, durch das die Einseitigkeiten in der Betrachtung zumindest vermindert werden können. Weiterhin werden durch dieses Vorgehen diese 12 Sichtweisen auch als Ergänzungen zueinander, als organische Teile eines Ganzen deutlich.

Die Inspiration zu diesem Vorgehen stammt aus Hermann Hesses Roman „Das Glasperlenspiel", für das er 1946 den Literatur-Nobelpreis erhielt. In diesem Roman beschreibt er die öffentlichen Darstellungen von Übersichten und Gesamtbetrachtungen, die mithilfe von verschiedenen allgemeinen Strukturen wie z.B. dem Ba Gua aus dem chinesischen Feng-Shui angefertigt und aufgeführt werden.

Diese Buch-Reihe ist ein Versuch, Hesse‘s Idee im ganz Kleinen konkret zu verwirklichen.

Die Blickwinkel der 12 Tierkreiszeichen sind:

♈	Widder:	Spontaner
♉	Stier:	Genießer
♊	Zwilling:	Neugieriger
♋	Krebs:	Familienmensch
♌	Löwe:	Egozentriker
♍	Jungfrau:	Handwerker
♎	Waage:	Schöngeist
♏	Skorpion:	Tiefgründiger
♐	Schütze:	Idealist
♑	Steinbock:	Realist
♒	Wassermann:	Theoretiker
♓	Fische:	Träumer

1. Was?

♈

Ich: „Hi! Wer bist Du?"

Widder: „Der Widder. Was willst Du?"

Ich: „Ich hab Dich gerade um die Ecke kommen sehen – da hab ich Dich einfach mal angesprochen. Ich versuche was zu erreichen – kannst Du mir dabei helfen?"

Widder: „Was hab ich denn damit zu tun, was Du machen willst?"

Ich: „Ich denke schon, dass das auch mit Dir zu tun hat. Schließlich leben wir alle auf derselben Erde."

Widder: „Sag endlich, was los ist und vergeude nicht meine Zeit!"

Ich: „Ich sehe überall Krisen und Gefahren und will …"

Widder: „Mit Weltverbesserern habe ich nichts am Hut. Tschüss!"

Ich: „Willst Du nicht auf einer Erde ohne Krieg leben?"

Widder: „Wer sollte das nicht wollen? Zeitverschwender!"

Ich: „Ist es Zeitverschwendung, den Klimawandel rückgängig zu machen? Die Atombomben abzuschaffen? Die Rohstoffvergeudung zu stoppen? Die Umweltzerstörung zu beenden? Die …"

Widder: „Jetzt fährst Du aber dicke Geschosse auf!"

Ich: „Schön, dass Du mir zustimmst, dass das dicke Themen sind. Wenn wir die nicht in den Griff bekommen, wird's uns bald ziemlich schlecht gehen."

Widder: „Jetzt mach mal halblang!"

Ich: „Glaubst Du denn, dass sich diese Schwierigkeiten von selber regeln?"

Widder: „Die Welt geht so oder so vor die Hunde … Da änderst Du nichts dran und da ändere ich nichts dran."

Ich: „Du hast also schon aufgegeben? Und ertrinkst jetzt einfach ohne zu versuchen, ob Du schwimmen kannst?"

Widder: „Jetzt hör aber mal endlich auf! Du verdirbst mir den ganzen Tag!"

Ich: „Ja, das stimmt wohl. Aber ich verderbe lieber mir und Dir den ganzen Tag als dass ich nichts tue und uns dadurch das ganze weitere Leben verderbe."

Widder: „Hm … Trotzdem – das ist vollkommen unrealistisch, daran irgendetwas ändern zu wollen. Ich bin nur ein kleines Licht – die Macht haben die da oben. Die Reichen.“

Ich: „Ja, Du bist ein kleines Licht und ich bin auch ein kleines Licht – aber zusammen sind wir schon zwei kleine Lichter.“

Widder: „Hahaha! Was kommt nun? Etwa 'Proletarier aller Länder, vereinigt euch!'? Oder 'Ökos aller Länder, vereinigt euch!'? So naiv kann doch niemand sein, dass er glaubt, dass das was bringt?“

Ich: „An den Spruch habe ich noch nicht gedacht … Aber, ja – im Prinzip denke ich das … Zumindest werde ich nicht einfach dasitzen und zusehen, wie die Welt zerstört wird, in der dann meine Kinder leben müssen.“

Widder: „Jetzt drückst Du aber auf die Tränendrüse!“

Ich: „Ich liebe meine Kinder.“

Widder: „Ehm … das meinst Du jetzt ernst, oder?“

Ich: „Ja – hast Du keine Kinder?“

Widder: „Doch … Und ja – ich will auch, dass sie in einer Welt leben, in der kein Krieg um die letzten Wasserstellen herrscht und in der es noch Reiher und Schmetterlinge gibt. Aber wie sollen wir das denn ändern? Wir können doch das, wie's heute überall läuft, nicht einfach anders machen!“

Ich: „Ich habe nicht die perfekte Lösung und schon gar nicht die einfache Lösung. Aber gar nichts tun, kann auch nicht.“

Widder: „Und was willst Du tun? Was hast Du schon getan?“

Ich: „Ich habe nachgedacht und mich gefragt, wie es aussehen müsste, damit es besser läuft mit uns Menschen auf der Erde.“

Widder: „Und?“

Ich: „Wir benehmen und wie Halbstarke, wie Jugendliche in ihrer Pubertät.“

Widder: „Das stimmt – und was anderes werden wir auch nie sein! Das kannst Du an allen Ecken und Enden sehen!“

Ich: „Na, ja … ich verstehe, dass man das so sehen kann. Aber gibt es nicht auch eine Chance, dass wir nicht nur als Einzelne älter und einsichtiger werden und vom Jugendlichen zum Erwachsenen werden? Könnten wir nicht auch kollektiv erwachsen werden?“

Widder: „Als Menschheit erwachsen werden? Wie soll das denn gehen?“

Ich: „Weiß ich noch nicht so genau. Aber kannst Du sehen, dass es das wäre, was wir brauchen?“

Widder: „Eine erwachsene Menschheit? … Ja, das wäre schon was …“

Ich: „Ganz einfach die mittelfristigen und die langfristigen Folgen des eigenen Handelns beachten. Das wäre doch schon mal was.“

Widder: „Hm …“

Ich: „Und wie in einer Familie zu sehen, dass es notwendig ist, dass alle einigermaßen zufrieden sind, da es sonst einfach keinen Frieden gibt … und schon gar nicht solche Dinge geben wird wie Lachen und Liebe und Freundschaft …“

Widder: „Nun sei mal nicht so pathetisch! Jeder denkt erst mal an sich selber.“

Ich: „Ich dachte, Dir seien Deine Kinder auch wichtig?“

Widder: „Ja, gut … das stimmt …“

Ich: „Und das Thema, über das wir gerade reden, scheint Dir auch wichtig zu sein, denn sonst würdest ja nicht mehr hier stehen.“

Widder: „Ja, gut … Aber wie willst Du es denn schaffen, dass die Menschheit erwachsen wird? Derzeit haben wir noch Kriege und eine Menge Egozentriker in den Regierungen.“

Ich: „Das ist schon wahr. Ich suche ja auch noch nach Lösung.“

Widder: „Und wie willst Du sie finden, diese … diese Erwachsenen-Herrschaft?“

Ich: „Indem ich mit Dir und mit anderen rede und schaue, was wir finden können, wo wir anfangen können.

Widder: „Wo wir anfangen können? Wenn Du was erreichen willst, braucht das Kind einen Namen.“

Ich: „Ehm … die ‚Erwachsenen-Herrschaft', die Du gerade vorgeschlagen hast?“

Widder: „Quatsch! So ein Name muss kurz und knackig sein, sonst klappt das schon wegen dem Namen nicht. Und man muss ihn verstehen können. … Fallt Dir da was ein?“

Ich: „Hm … Gaiakratie?“

Widder: „Was?“

Ich: „Na, ja – Gaia ist die Erdgöttin und die ist doch inzwischen auch ein bisschen zu einem Symbol für die Erde als Lebewesen und für ein ökologisches Verhalten geworden.“

Widder: „Ich finde, 'Gaiakratie' klingt eher wie 'Herrschaft der Erdgöttin' oder wie 'Herr der Erde' oder so was in der Art.

Ich: „Na, gut … Aber was dann? … Vielleicht 'Kooperkratie'?"

Widder: „Was soll denn das sein?"

Ich: „Erkennt man das nicht? 'Herrschaft der Kooperation'."

Widder: „Viel zu lang, das Wort."

Ich: „Puh – das ist ja gar nicht so einfach, da ein passendes Wort zu finden."

Widder: „Wir brauchen aber was Knackiges, sonst kannst Du's gleich vergessen."

Ich: „Vielleicht 'Cognikratie'? Also 'Herrschaft des Verstandes und der Vernunft'?"

Widder: „Klingt sehr verkopft. Und es geht doch um die Liebe zu den eigenen Kindern und zum Leben … Zumindest klingt das bei Dir so."

Ich: „Ja, Du hast recht … und 'Solidarikratie'? Also 'Herrschaft der Solidarität'?"

Widder: „So wird das nichts. Was sollen diese Erwachsenen denn machen? Also die erwachsene Menschheit?"

Ich: „Also – 'Adultokratie' fände ich doof … also 'Erwachsenenherrschaft'. … Im Grunde soll die neue Form doch ganz einfach weise sein … Weise! Das ist es! 'Sophikratie'!"

Widder: „'Sophikratie' … das hat einen guten Klang … Ja – und Weisheit ist das, was wir brauchen."

Ich: „Also eine Herrschaftsform oder besser noch eine Selbstverwaltungsform der Menschheit, die auf Weisheit beruht. … Ja, das ist das, was wir brauchen. … gut – also wir brauchen eine Sophikratie."

Widder: „Und nun? Nun haben wir einen Namen für das, was wir suchen."

Ich: „Und wir wissen, dass das, was wir suchen, das Verhalten von erwachsenen und am besten auch noch weisen Menschen ist."

Widder: „Und was bringt uns das nun? Nichts."

Ich: „Das stimmt ja nicht so ganz. Wir wissen, wo wir hinwollen und wir haben dem Ziel einen Namen gegeben, der nun so eine Art Samenkorn, eine Mitte, ein Zentrum sein kann."

Widder: „Aber das macht uns noch nicht klüger und das bringt uns auch noch nicht weiter."

Ich: „Ja – aber wir fangen ja auch gerade erst an. Wir sagen, was wir wollen und wir denken jetzt schon beide darüber nach."

Widder: „Worte bringen nichts. Wir brauchen Taten!"

Ich: „Letztlich ja. Das sehe ich auch so. Aber wäre es nicht erstrebenswert, ein Bild von dem zu haben, was wir anstreben?“

Widder: „Ein Bild?“

Ich: „Ja – eine Vorstellung davon, wie das, wir wollen, aussehen könnte. Wie das funktionieren könnte, wie das aufgebaut sein könnte, wie die Schritte dahin aussehen könnten.“

Widder: „Worte haben noch nie etwas geändert.

Ich: „Nein – dafür muss man konkrete Schritte gehen. Aber Worte können die Richtung klären, in der man losgehen will.“

Widder: „Ja, gut … und Du glaubst, dass Du herausfinden wirst, wie die bessere Zukunft aufgebaut sein muss?“

Ich: „Nein – nicht ich alleine … ganz bestimmt nicht. Aber wenn ich nicht meinen Teil dazu tue – wenn nicht jeder seinen kleinen Teil dazu tut, wird gar nichts passieren. Also tue ich lieber meinen kleinen Teil dazu als nichts zu tun.“

Widder: „Auch wieder wahr …“

Ich: „Und mir scheint, dass das am wirkungsvollsten ist, wenn jeder an der Stelle etwas zu der Entwicklung zu einer erwachsen gewordenen Menschheit dazutut, wo er die größten Talente und Fähigkeiten hat. Dann ist seine Förderung dieser Entwicklung am größten.“

Widder: „Und was ist Dein Talent?“

Ich: „Ich glaube, das ist die Forschung. Und Deins?“

Widder: „Einfach mal anfangen. Einfach mal laut brüllen und alle aufwecken.“

Ich: „Das könnte ich nicht – laut brüllen, meine ich. Gut, das wir alle so verschiedene Talente haben.“

Widder: „Dann werde ich jetzt mal laut brüllen … Ich hoffe, das hilft …“

Ich: „Und ich versuche, diese Sophikratie konkreter zu bekommen … also ein möglichst lebendiges Bild davon zu entwerfen, dass die Menschen wirklich überzeugen kann.“

Widder: „Mach mal … Das ist nichts für mich. Ich muss anpacken können. Etwas von da nach dort bringen oder ein Brücke bauen oder eine Mauer einreißen – so was in der Art.“

Ich: „Dazu wird es sicherlich noch reichlich Gelegenheit geben …“

Widder: „Dann bis bald mal! Da kommt auch gerade jemand, der Dich sprechen will. Ciao!“

Ich: „Ciao!“

2. Wozu?

♉

Ich: „Hallo!"

Stier: „Einen wunderschönen Tag wünsche ich Ihnen."

Ich: „Möge auch Ihr Tag wunderschön werden! Darf ich fragen, wie ich zu der Ehre dieser Begegnung komme?"

Stier: „Ich bin der Stier. Ich habe Ihr Gespräch mit dem Widder mitgehört – sie haben ja nicht gerade leise gesprochen."

Ich: „Das ist wohl wahr … Aber es waren ja auch keine Geheimnisse, über die wir gesprochen haben …"

Stier: „Das klingt gut – das mit der erwachsenen Menschheit und der Sophikratie."

Ich: „Danke."

Stier: „Aber die Menschen sind träge – die arbeiten nicht gern … Und verändern tun sie schon gar nicht gerne was."

Ich: „Das habe ich auch schon bemerkt. Wisst Ihr denn, was die Menschen dazu bewegen kann, etwas zu tun oder gar zu ändern?"

Stier: „Da gibt es nur zwei Dinge: Ausreichend großer Schmerz oder ausreichend große Lust. Wir Menschen meiden den Schmerz und suchen die Lust … Wir sind Genießer …"

Ich: „Hm … dann müssten die Menschen also klar genug sehen, was sie Gutes erreichen könnten und was sie an Gefährlichem meiden könnten. Sie brauchen also offene Augen und ein bisschen Weitsicht?"

Stier: „Ja – wenn sie die Pfirsiche am Baum nicht sehen und auch die Krokodile im Fluss nicht sehen, tun sie nichts."

Ich: „Dann wäre der nächste Schritt also, ihnen zu zeigen, welche Möglichkeiten wir haben und welche Gefahren uns drohen?"

Stier: „Wir Menschen haben ein großes Talent, unsere Augen fest zu verschließen, wenn wir sonst etwas Unbequemes sehen würden … die 'Vogel Strauß'-Taktik …"

Ich: „Die 'Vogel Strauß'-Technik? … Ach, ja … 'Was sich nicht sehe, ist auch nicht da.' … Da fällt mir ein alte Spruch ein: 'Wer heute den Kopf in den Sand steckt, knirscht morgen mit den Zähnen."

Stier: „Sprüche sind nett, aber sie motivieren nicht."

Ich: „Nein, da stimme ich Ihnen zu. Aber immerhin können sie manchmal einen komplexen Zusammenhang auf den Punkt bringen. … Also: Die Frage ist demnach, wie die Menschen zu der Motivation kommen, etwas ändern zu wollen."

Stier: „Lust und Leid – sonst nichts …"

Ich: „Hm … Damit wären wir schon wieder bei der Weitsicht, bei der Einsicht, bei der Weisheit …"

Stier: „Ja – man muss die guten und die schlechten Möglichkeiten sehen … und sie auch sehen wollen. Sonst wird man nichts entscheiden können – oder überhaupt nur etwas entscheiden wollen."

Ich: „Hm …"

Stier: „Und da die Menschen egoistisch sind, schauen sie lieber auf den Apfel in ihrer Hand, den sie jetzt essen wollen als auf die Bäckerei in der Ferne … oder auf den Panzer an der Grenze … Das ist jetzt bildhaft gemeint."

Ich: „Ja, das habe ich verstanden. … Dann ist also der Egoismus das Problem … der kurzsichtige Egoismus."

Stier: „Der kurzsichtige Egoismus?"

Ich: „Ja. Nichts kann existieren, das nicht egoistisch ist, denn sonst könnte es sich nicht selber am Leben erhalten und wäre folglich schon nach Kurzem raus aus dem Spiel. Das gilt für Menschen, für Staaten, für Tiere, für Pflanzen – selbst ein Molekül existiert nur dann weiter, wenn es egoistisch ist, d.h. wenn es sich selber erhalten kann, also stabil genug ist. Sonst löst es sich einfach wieder in seine Atome auf …"

Stier: „Das ist leicht einzusehen. Egoismus muss also sein, weil man sonst sterben würde. Es kann also nur das geben, was ausreichend egoistisch ist. … Und die Kurzsichtigkeit des Egoismus?"

Ich: „Damit meine ich, dass wir oft nur das sehen und bedenken, was gleich vor unseren Füßen liegt, aber nicht das, was zwanzig Schritte weit entfernt liegt. Dadurch bekommen wir den kleinen Vorteil gleich vor uns, aber auch den großen Nachteil, der dann anschließend zwanzig Schritte weiter kommt. Auf diese Weise haben wir durch einen kurzsichtigen Egoismus etwas getan, was uns selber schadet. Das ist ein kindliches Verhalten – kein erwachsenes Verhalten."

Stier: „Ja, das verstehe ich … Es wäre jetzt noch recht kostengünstig, die Klimaerwärmung zu vermeiden, statt dann später die horrenden Kosten der Klimaerwärmung, die eingetroffen ist, zu tragen. Aber es ist unbequem, jetzt auf etwas zu verzichten oder sich für etwas anzustrengen – die großen Probleme dieser Untätigkeit kommen ja erst später … Ja – das ist wirklich ein kindliches Verhalten … Man könnte das geradezu als ein 'kindisches Verhalten' bezeichnen, da wir ja individuell durchaus Erwachsene sind.“

Ich: „Ja – aber nicht kollektiv …“

Stier: „Leider nicht … Und nun? Die Wissenschaftler erklären uns diese Zusammenhänge ja schon seit 50 Jahren und keiner hört wirklich auf sie … oder wir hören ihnen schon meistens zu, aber tun nicht so viel, wie nötig wäre …“

Ich: „Schildern die das nicht drastisch genug? Die Folgen unserer Trägheit, unseres Nichts-Tuns?“

Stier: „Menschen sind nicht gerade Wesen, die ganz von ihrer Einsicht gesteuert werden – sondern eher von Lust und Leid. Und Leid, das noch Jahre entfernt ist, ist nur ein Schemen, das man beiseiteschieben kann, während die Lust, die nur zwei Schritte entfernt ist, viel greifbarer ist. Der Flug in den Urlaub in zwei Wochen ist konkret – die Beschleunigung der Klimaerwärmung durch diesen Flug liegt irgendwo diffus in der Zukunft … und es wird schon nicht so schlimm werden, wie die anderen erzählen …“

Ich: „Diese mangelnde Weitsicht, also dieser kurzsichtige Egoismus ist wirklich ein Problem … Da waren die Naturvölker weitsichtiger … Da gab es die Regel, dass niemand etwas tun soll, was den nächsten zehn Generationen der Gemeinschaft schaden könnte …“

Stier: „Warum haben die das sehen und entsprechend handeln können und wir nicht?“

Ich: „Hm … Ich glaube, das liegt daran, dass sie sich als Teil der Natur gesehen haben und die Natur sozusagen ein erweiterter Teil ihres eigenen Leibes war – dann will man auch die Natur so erhalten, dass man gut in ihr leben kann.“

Stier: „Und wann haben wir das verloren? Diese Weisheit und diesen weitsichtigen Egoismus?“

Ich: „Das ging wohl in vielen Schritten vonstatten … Als wir in der Jungsteinzeit mit Ackerbau und Viehzucht begonnen haben, haben wir angefangen, die Erde umzugestalten. Das wurde dann im Königtum noch viel mehr: 'Machet euch die Erde untertan.' Das war dann schon eine ganz andere Haltung. Und im Materialismus ist die Erde nur noch etwas, das man nach Belieben nutzt und benutzt. Doch diese Haltung funktioniert heute nicht mehr – mit dieser Haltung würden wir uns in absehbarer Zeit selber zerstören.“

Stier: „In absehbarer Zeit … ja … unsere Kinder und Enkel werden das ausbaden müssen … Die Folgen sind gar nicht mehr so fern … Aber wie können wir das ändern?“

Ich: „Im Grunde müssen wir uns wieder als Teil der Natur begreifen, als Teil der Menschheit, als Teil der Lebewesen, als Teil der Erde …“

Stier: „Ja … aber wie kann das über eine Natur-Romantik hinausgehen? Wie kann das die Menschen zum Handeln bewegen? Das geht doch nur, wenn sie ganz klar den Schaden und den Nutzen sehen.“

Ich: „Das sehe ich auch so. … Aber die warnenden Worte der Wissenschaftler verhallen nun schon seit 50 Jahren weitgehend ungehört.“

Stier: „Warnende Worte reichen nicht. Schädliches Verhalten muss mit Strafen belegt werden.“

Ich: „Tja … solange die Ökos nur Dosenpfand verordnen, machen ja noch alle mit, aber wenn sie eine ernsthafte Ökosteuer erheben würden, die auf jedes Produkt alle durch die Herstellung dieses Produktes entstehenden Folgekosten aufschlagen würde, dann würden die Ökos ganz schnell abgewählt werden … dann wären sie sie schließlich unbequem …“

Stier: „Weitsichtiger Egoismus lässt sich offensichtlich nicht verordnen, sondern nur allmählich entwickeln …“

Ich: „Aber wie?“

Stier: „Wenn ich das nur wüsste … Dann hätte ich eine Chance auf den Nobelpreis …“

Ich: „Vermutlich …“

Stier: „Ich glaube, das musst Du mit jemand anderem klären. Da geht es um Einsicht, um klare Wahrnehmung, um Beweglichkeit und dergleichen … Ich kenne da jemanden – den werde ich zu Dir schicken.“

Ich: „Das ist wirklich nett von Dir. Vielen Dank!“

Stier: „Das ist ja ganz in meinem Interesse – und fördert meinen Nutzen. … Das entspringt jetzt meinem Egoismus, der gerade ein wenig weitsichtiger geworden ist.“

Ich: „Danke! Auf Wiedersehen!“

Stier: „Auf Wiedersehen.“

3. Wer?

♊

Ich: „Hallo!“

Zwilling: „Hi! Ich bin der Zwilling. Der Stier hat mich zu Dir geschickt. Er meinte, Du hättest ein paar Fragen an mich.“

Ich: „Ehm – ja … So könnte man das nennen.“

Zwilling: „Er hat mir schon kurz erzählt, worum's geht. Du willst ein neues Regierungssystem erschaffen, um die Welt zu retten.“

Ich: „Na, ja … wenn Du das so sagst, klingt das so groß. Ich will einfach nur das, was ich kann, dazu tun, damit wir eine Lösung für die aktuellen Probleme finden …“

Zwilling: „Also Sophikratie. Klingt hübsch.“

Ich: „Nun, ja – ich dachte, dass wir Weitsicht und Weisheit brauchen werden … Und so ein Art Gesamtentwurf …“

Zwilling: „Ich seh‘ schon – ein ganz bescheidenes, kleines Projekt … Du willst so was wie ‚Das Kapital‘ von Karl Marx schreiben, der die Lösung in der Solidarität der Gemeinschaft gesehen hat. Oder vielleicht eher so was wie ‚Gott und Staat‘ von Miachail Bakunin, der die Lösung in der vollkommenen Freiheit jedes Einzelnen gesucht hat … Oder steht Dir der Sinn mehr nach so etwas wie dem ‚Der Gottesstaat‘ von Kirchenvater Augustinus oder gar nach eine aktuellen Version von Platos ‚Kritias‘, in der er Atlantis als den idealen Staat beschreibt?“

Ich: „Wenn Du das so darstellst, traue ich mich ja kaum noch etwas zu sagen …“

Zwilling: „Nicht so schüchtern. Wenn Du gute Ideen hast, dann bring sie unters Volk!“

Ich: „Ich bin da ein bisschen ratlos, wie ich das tun soll …“

Zwilling: „Du brauchst vor allem Werbung, Marketing … Karls Marx wäre ohne Friedrich Engels nicht weit gekommen …“

Ich: „Und – kannst Du das übernehmen?“

Zwilling: „Ich werbe nur für das, was wirklich einen Inhalt hat. … Obwohl man mit ausreichender Werbung natürlich auch völlig schwachsinnige Dinge verkaufen kann.“

Ich: „Und – hast Du den Eindruck, dass meinen Gedanken lohnend sind?“

Zwilling: „Völlig unausgereift – aber das Überleben der Menschen auf diesem Planeten ist für uns Menschen natürlich eine durchaus lohnende Angelegenheit.“

Ich: „Ehm, ja …“

Zwilling: „Ich helfe Dir gerne, das Tor zu öffnen, damit sich das rumspricht …“

Ich: „Danke.“

Zwilling: „Du willst also Weisheit lehren? Den weitsichtigen Egoismus propagieren? Einsicht vermitteln? … Kurz gesagt also das erreichen, was die Politiker so gut wie noch nie geschafft haben?“

Ich: „Äh …“

Zwilling: „'Äh' ist schon mal ein guter Anfang … Du weiß, dass Du nichts weißt … Das stammt übrigens von Sokrates, dem Vater der Philosophie … Der ist ja sozusagen der Pate Deiner Sophikratie, da die Philosophen die 'Weisheits-Liebenden' sind und Du eine 'Weisheits-Herrschaft' errichten willst.“

Ich: „Ehm …“

Zwilling: „Also Einsicht, weitsichtiger Egoismus und Weisheit – glaubst Du wirklich, dass die in dem Wesen der Menschen verankert sind?“

Ich: „Na, ja – ich hoffe, dass es zumindest nicht unmöglich ist – und der Stier meinte, dass die Menschen, wenn sie ihren Vorteil in einem weisen Handeln sehe, auch weise handeln werden …“

Zwilling: „Ja – das sehe ich auch so.“

Ich: „Aber wie fangen wir das an?“

Zwilling: „Du musst was haben, was sie neugierig macht, was sie hoffen lässt, was sie ermutigt, was ihnen zeigt, dass es sich lohnt, dass der Weg gar nicht so schwer ist, dass es durchaus machbar ist, dass nur kleine Schritte nötig sind, dass es nicht schwer ist … Und dafür brauchst Du eine Vision, eine Utopie, die überzeugend ist, die lockt, die anzieht, die begeistert. … Und dafür muss sie neu sein, Gehalt haben, schlicht sein, griffig, überzeugend – eben so, wie gute Werbung ist …“

Ich: „Hm …“

Zwilling: „Und Du musst ein guter Redner werden.“

Ich: „Was?“

Zwilling: „Du musst das darstellen können, was Du willst – und Du musst es kurz und knackig und trotzdem gut gegründet darstellen können. Der Name 'Sophikratie' ist schon mal ein Anfang. Dann haben wir die 'erwachsene Menschheit' als Schlagwort und auch den 'weitsichtigen Egoismus' als Schlagworte. Noch was?“

Ich: „Ehm … diese Art zu denken, ist mir etwas ungewohnt …“

Zwilling: „Aber sie ist zur Verwirklichung notwendig. Also: Was noch?“

Ich: „Überleben?“

Zwilling: „Das ist zu hart – das stimmt zwar, aber das sollte nur am Rande erscheinen, sonst laufen Dir die Zuhörer weg.“

Ich: „Hm …“

Zwilling: „Es wäre gut, wenn Du etwas mehr Inhalt hättest. Es reicht nicht zu sagen, was das Problem ist und welche Haltung die Lösung ist, Du musst auch konkrete Schritte dahin aufzeigen – und zwar Schritte, die die Menschen auch zu gehen bereit sind. Wenn Du einfach nur sagst, dass alle Steuern um 10% erhöht werden, um damit all die notwendigen ökologischen Projekte zu finanzieren, wird Dir niemand mehr zuhören und jede Partei, die auch nur Deinen Namen erwähnt, wird sofort aus dem Parlament fliegen.“

Ich: „Es ist also nicht nur wichtig, dass man es sagt, sondern auch, wie man es sagt. Und dass man nicht nur den Finger in die Wunde legt, sondern auch ein konkretes Heilmittel vorschlägt.“

Zwilling: „Ich sehe, Du hast es begriffen. … Konkrete Vorschläge?“

Ich: „Wo könnte man denn da ansetzen? … Ich habe ja schon des Öfteren anderen erzählt, was für ein Unfug unsere Wegwerf-Gesellschaft ist. Wenn wir wieder wie früher wirklich langlebige Produkte herstellen würden, würden wir vielleicht doppelt so viel Material und doppelt so viel Arbeitszeit dafür brauchen, aber wenn die Produkte dann zehnmal oder noch länger halten … Dann brauchen wir insgesamt nur die Hälfte oder vielleicht nur noch ein Viertel des Materials und der Arbeitszeit … Diese drastische Arbeitszeitverkürzung dürfte doch ziehen, oder?“

Zwilling: „Das ist ein gutes Argument. Du musst Deine Reden von den Vorteilen her aufbauen, die Dein System bringen würde. Und es sollten drastische Vorteile sein.“

Ich: „Das muss man also den Leuten klarmachen …“

Zwilling: „Ja … Hast Du noch mehr Ideen?“

Ich: „Hm – es wäre auch eine Möglichkeit, die Menschen zu fragen, was sie eigentlich wirklich in ihrem Leben brauchen. Ich meine, welche Gegenstände sie wirklich brauchen … So könnte man die Produktion, die Arbeitszeit und die verwendeten Rohstoffe noch einmal deutlich reduzieren.“

Zwilling: „Da hast Du zwar recht, aber das wird als Argument nicht ziehen … Das sieht nach Verzicht aus – und ein großer Teil der Menschen lebt im Mangel und ist gierig … Diese Art von Argumenten hebst Du Dir besser für später auf, wenn das Grundsätzliche beschlossen ist und es um die Feinheiten geht. Davon mal abgesehen, kannst Du einem Gierigen nicht Verzicht verordnen – das funktioniert nicht … da hilft nur das Heilen seines Mangelgefühls."

Ich: „Das wird ja immer komplizierter! Und die richtige Reihenfolge des Vorgehens muss man auch noch beachten …"

Zwilling: „Ja – die Sache ist ja auch durchaus anspruchsvoll …"

Ich: „Hm … was haben wir denn dann bisher? … Also: die Sophikratie als Namen und Grundidee … dann den weitsichtigen Egoismus … dann die erwachsene Menschheit … die Reduzierung der Arbeitszeit durch langlebige Produkte …"

Zwilling: „Das ist schon mal ein Anfang, aber Du brauchst auf jeden Fall noch mehr – aber das ist nicht mein Metier, da noch weitere Möglichkeiten zu finden."

Ich: „Und Du findest, das Überleben der Menschen auf diesem Planeten ist kein gutes Argument?"

Zwilling: „Ein besseres Argument gibt es überhaupt nicht, aber es ist ein Argument, das in den Menschen Angst auslöst – und da gehen viele Menschen schnell weg und hören Dir lieber nicht mehr weiter zu."

Ich: „Hm …"

Zwilling: „Du kannst den Menschen nicht einfach die Wahrheit vor den Kopf knallen – das halten sie nicht aus. Du musst taktisch vorgehen, Du musst ein Menschenfänger werden."

Ich: „Das gefällt mir aber gar nicht. Ich will kein Menschenfänger sein. Ich will nur zeigen, was notwendig ist."

Zwilling: „Das ist ja auch richtig, aber Du musst es so tun, dass es eine Wirkung hat. Und wenn Du Deine Erkenntnisse so vorträgst, dass alle nur erschrocken sind und sofort erst mal gegen Dich sind, kommst Du nicht weit …"

Ich: „Ja … ich muss also wie ein Kindergärtner vorgehen?"

Zwilling: „Oder wie ein Lehrer …"

Ich: „Hm … das leuchtet ein … Wenn ich gleich damit anfange, dass wir die Menschheit von 8 Milliarden Menschen auf 1 oder 2 Milliarden Menschen reduzieren müssen und dass deshalb drei bis vier Generationen lang die 1-Kind-Familie notwendig ist, dann habe ich zwar Recht, aber das hat dann keine Wirkung … Dann habe ich sofort sowohl den Sexualtrieb als auch den Familiensinn aller Menschen gegen mich – und die Chancen, dass man mir zuhört, gehen gegen Null …"

Zwilling: „Genau. Du scheinst es begriffen zu haben."

Ich: „Ich wollte nie Politiker oder auch nur Rhetoriker werden …"

Zwilling: „Musst Du ja auch nicht. Da gibt's andere, die das besser können. Aber angesichts der Tatsache, dass Du Deine Erkenntnisse anderen Menschen vermitteln willst, solltest Du Dir auch klar machen, wie Du Menschen erreichen kannst und wie sie das, was Du zu sagen hast, auch verstehen und annehmen können. Und am besten erreichst Du so viele Menschen wie möglich …"

Ich: „Puh! Du hast recht, aber das macht das alles nicht gerade einfacher …"

Zwilling: „Nein – nicht einfacher, aber wirkungsvoller. Und darauf kommt es bei diesem Thema doch an, oder? Wenn's letztlich um's Überleben der Menschheit auf der Erde geht …"

Ich: „Du hast schon recht …"

Zwilling: „An dieser Stelle reichen Worte allerdings nicht mehr aus. Da brauchen wir eine Bilder-Expertin."

Ich: „Was meinst Du damit?"

Zwilling: „Wirst Du schon sehen. Ich schicke sie zu Dir."

Ich: „Ehm … ja … Danke."

Zwilling: „Nichts zu danken – es geht ja auch um mein eigenes Überleben …"

4. Wo?

♋

Ich: „Hallo – bist Du die, die der Zwilling zu mir schicken wollte?

Krebs: „Hallo … Ja, er sagte, dass Du ein wenig Rat brauchen könntest.“

Ich: „Ja – sehr gerne.“

Krebs: „Er hat mir schon kurz erzählt, worum es geht. Um ein Bild für die Sophikratie.“

Ich: „Ja – wobei ich noch nicht ganz verstanden habe, was er damit gemeint hat.“

Krebs: „Wir Menschen reagieren viel stärker auf Berührungen, Düfte und Bilder und sogar mehr auf Melodien als auf Worte.“

Ich: „Ist das so? … Ja, ich glaube schon … Bei Worten muss man ja erst mal denken, um sie zu verstehen … bei Bildern, Melodien, Düften und Berührungen ist das ja nicht so – die versteht man sofort. Und deshalb braucht die Sophikratie ein Bild?“

Krebs: „Ja – ein Bild, das ausdrückt, was Du willst. Ein Bild, das allen sofort verständlich macht, worum es geht.“

Ich: „Das wäre schon hilfreich …“

Krebs: „Worum geht es denn? Der Zwilling hat mir gesagt, dass es um das Überleben auf der Erde geht – aber kannst Du das noch ein bisschen weiter ausführen?“

Ich: „Ja … weitsichtiger Egoismus … eine erwachsene Menschheit … die Verringerung der Arbeitszeit durch langlebige Produkte … ja, und auch um Frieden auf Erden …“

Krebs: „Nicht gerade wenig …“

Ich: „Nein – wenig ist das nicht … aber nötig und erstrebenswert …“

Krebs: „Und welche Fähigkeiten sind dafür notwendig?“

Ich: „Fähigkeiten?“

Krebs: „Ja – welche Haltung ist dafür nötig? Welches Bild, das die Menschen von sich selber haben? Von sich in der Welt?“

Ich: „Hm … Einsicht … Weisheit … Kooperation miteinander … ein Teil der Erde sein … ein Teil eines lebendigen Organismus sein …“

Krebs: „Das hilft schon mal weiter. Es geht also um Gemeinschaft, um die Menschheit als große Familie, um die Erhaltung der Erde, um uns als Teil der Erde … ja … da sollte dann ein Bild der Erde im Zentrum stehen – ein Foto der Erde, das vom Weltall aus aufgenommen worden ist …“

Ich: „Das gefällt mir … das zeigt, dass es um ums alle auf der Erde und um die Erde selber geht … Und das Bild ist rund, was ja immer harmonisch und einheitlich und organisch wirkt …“

Krebs: „Du verstehst anscheinend auch ein wenig von Bildern.“

Ich: „Ein wenig.“

Krebs: „Das Bild muss den Betrachter berühren und ihn mit einbeziehen und ihn am besten auch noch auf sanfte Weise betroffen machen … Wie wäre es mit einem Kreis von stilisierten Menschen mit verschiedenen Hautfarben, die rings um die Erde im Kreis auf ihr stehen und die sich an der Hand halten?“

Ich: „Das gefällt mir.“

Krebs: „Du sagtest, dass diese Menschen erwachsen sein sollten, dass die Menschheit erwachsen werden muss … Sie sollte also wie ein große Familie handeln und dadurch die Erde erhalten und beschützen … Wir Menschen sind inzwischen so mächtig geworden, dass wir zumindest die Oberfläche der Erde zerstören könnten … Wir sollten aber wie Erwachsene handeln … wie Eltern … ja …“

Ich: „Wie kann man das denn in ein Bild bringen?“

Krebs: „Es kann ja auch Schrift zu dem Bild geben – aber nur sehr wenig Schrift … Also die Erdkugel, der Kreis von Menschen rings um die Kugel, darüber die Schrift 'Sophikratie' und darunter die Schrift 'Eltern der Erde'.“

Ich: „Das gefällt mir!“

Krebs: „Das könnte Dein Emblem sein, Dein Plakat, Dein Symbol … Aber es reicht nicht, nur ein Bild zu haben und ein paar Schlagworte.“

Ich: „Ich weiß – ich brauche noch viel mehr Details, eine Bauanleitung, ein System …“

Krebs: „Das stimmt natürlich, aber das meine ich nicht.“

Ich: „Was denn dann?“

Krebs: „Du brauchst ein Lebensgefühl, ein Gemeinschaftsgefühl, eine Nestwärme, eine lebendige Gaia-Gemeinschaft … und das brauchst Du nicht nur in deiner Vorstellung, sondern Du musst dieses Gefühl auch ausstrahlen. Das muss in Dir leben, in Dir lebendig sein – dann wirst Du dieses Gefühl, dieses Bild auch ausstrahlen, dann wirst

Du andere wirklich erreichen können. Du musst ein Vorbild sein – Du musst wirklich ein Vater, eine Mutter werden. Und das mit dem Gefühl und dem Bild in Dir, das Du dann ausstrahlst … Das meine ich ganz konkret – wirklich als Telepathie. Nur ein Mensch mit Ausstrahlung kann etwas bewirken. Die Menschen hören zwar auch Worten zu, aber Worte, die durch das Lebensgefühl des Redners ganz mit Leben erfüllt sind, mit Lebenskraft erfüllt sind, wirken weit mehr als theoretische Erläuterungen."

Ich: „Ja … ja … das verstehe ich … das habe ich auch schon so erlebt …"

Krebs: „Du musst Dich wirklich wie einer dieser stilisierten Menschen in dem Kreis rings um die Erde fühlen – Du musst wirklich das Gefühl dieses Bildes, dieser Sophikratie in Dir spüren, davon erfüllt sein. Dann kannst Du etwas bewirken. Und da muss Überzeugung in Dir sein, Freundlichkeit und ein Lächeln – Freude über das, was Du in Dir als dieses Bild der Erde mit dem Kreis der Menschen siehst. Du kannst Lebende nur mit Lebenskraft überzeugen und ihnen helfen, ihr Leben lebendiger zu machen."

Ich: „Ja … ich verstehe, was Du sagst … und irgendwie berührt mich das …

Krebs: „Dann scheint das Bild der Erde mit dem Menschenkreis und den Worten 'Sophikratie' und 'Eltern der Erde' ja das zu treffen, was Du erreichen willst."

Ich: „Ja – das trifft es …"

Krebs: „Versuch mal, dieses Lebensgefühl zu beschrieben."

Ich: „Dieses Lebensgefühl in mir, was da durch dieses Bild und diese Worte Ausdruck findet?"

Krebs: „Ja."

Ich: „Da ist Lebendigkeit … die Natur … die Lebenskraft … Freunde und Freundinnen … ich bin ein Teil des Ganzen … das ist keine harte Abgrenzung, auch wenn ich natürlich mich von anderen unterscheiden kann … und weil ich Teil des Ganzen bin, ist da Vertrauen: das Ganze trägt mich … und deshalb ist da auch Verantwortung: ich trage das Ganze … … … und da ist so eine stilles, grundloses Glück, wenn ich das spüre …"

Krebs: „Allmählich wird das immer reichhaltiger, was dieses Bild ausdrückt … Ich fasse das noch mal zusammen: … Sophikratie … Einsicht … weitsichtiger Egoismus … Weisheit … Kooperation … eine erwachsene Menschheit … Eltern der Erde … Vertrauen und Verantwortung … kürzere Arbeitszeit durch langlebige Produkte … Frieden auf Erden …"

Ich: „Das klingt schon nach ziemlich viel – nach einer Riesenaufgabe … Aber es stimmt, das sind alles Dinge sind, die meiner Ansicht nach zu dem kollektiven erwachsenen Verhalten von uns Menschen gehört, das ich anstrebe.“

Krebs: „Versuch nicht, das alleine zu erreichen.“

Ich: „Ja … das geht auch gar nicht … das geht nur als Gemeinschaft … Oder zumindest zusammen mit vielen anderen Menschen, von denen jeder an seinem Ort in dieselbe Richtung strebt …“

Krebs: „Das stimmt schon, was Du sagst … Aber eine Untersuchung in den USA um ca. 1980 hat mal festgestellt, dass fast die Hälfte der Amerikaner sich um Ökologie sorgen, spirituelle Interessen haben, sich ökologisch engagieren, sich künstlerisch betätigen – und alle dachten, dass sie ganz allein damit sind, dass es kaum andere gibt, die auch so denken, fühlen und leben … Daher hat sich das nie zu einer großen Bewegung zusammenfügen können. Die, die nach einem gemeinsamen Ziel streben, müssen auch voneinander wissen, sie müssen sich begegnen, sie müssen eine Gemeinschaft bilden, sie müssen ihre Gemeinschaft spüren können, sie müssen sich als Familie erleben können – erst dann kann sich ihre ganze Kraft entfalten, erst dann können sie wirklich wirksam werden.“

Ich: „Ja, das verstehe ich … Aber mittlerweile ist ja schon ein bisschen Gemeinschaft unter diesen Menschen entstanden: die Grünen, Greenpeace, Fridays for Future, die Letzte Generation und noch viele andere …“

Krebs: „Reicht das schon?

Ich: „Wie meinst Du das?“

Krebs: „Ist das schon so viel Gemeinschaft, so viel Bewusstheit über die eigene Gemeinschaft, soviel Erleben dieser Gemeinschaft, dass es das Gefühle einer großen Familie hervorruft? Du willst doch das Gefühl einer Menschheits-Familie erschaffen – die 'Eltern der Erde'. Diese Eltern der Erde sind doch eine Familie. Das muss wirklich empfunden, gefühlt und erlebt werden – das reicht nicht, das nur zu denken.“

Ich: „Wie soll ich das denn erschaffen können? Das klingt so gar nicht nach dem, wozu ich ein Talent hätte …“

Krebs: „Du musst doch all diese Menschen gar nicht alle selber kennenlernen – da reichen ein paar Menschen, die wieder ein paar andere kennen. Du musst nur wissen, dass es diese vielen Menschen gibt und Du brauchst nur in diesem Gemeinschaftsgefühl zu leben.“

Ich: „Wie macht man das?“

Krebs: „Setzt Dich hin und denk an all die Menschen, von denen Du weißt, dass sie auch solche Ziele und Vorstellungen und Ideen haben wie Du. Stell Dir Lebenskraftschnüre aus milchig-weißem Licht zu ihnen vor. Dann stell Dir die vielen anderen Menschen vor, die es auch noch überall gibt und die auch dieselben oder sehr ähnliche Ziele anstreben wie Du. Sende auch zu ihnen diese Lebenskraftschnüre aus. Mach das einfach mal und dann spüre dieses große Lebenskraft-Netz, das diese Gemeinschaft miteinander verbindet. Sende durch dieses Netz die Fragen aus, die Du noch hast; sende Durch diese Netz die Erkenntnisse aus, die Du hast; spüre die Gemeinschaft in diesem Netz. Lass Dich von diesem Netz tragen.“

Ich: „Das soll ich imaginieren?“

Krebs: „Versuchs doch einfach mal. Du musst ja nicht glauben, dass das eine Wirkung hat. Aber wenn Du's ausprobierst, erlebst Du ja vielleicht etwas … und vielleicht ist das, was Du dann erlebst, wertvoll für Dich und bringt Dich ein Stück weiter auf dem Weg zu Deinem Ziel …“

Ich: „Ja … ich werde es ausprobieren.“

Krebs: „Das mit diesen Lebenskraft-Schnüren ist auch nicht unbedingt nötig, um Verbindungen und eine Gemeinschaft zu schaffen – aber es ist förderlich.“

Ich: „Ja – das kann ich mir vorstellen.“

Krebs: „Ich glaube, dass mein Teil jetzt auch zu Ende ist … Geh mal zu dem da drüben – zu dem Mann da mit den goldgelben Haaren.“

Ich: „Meinst Du? Der sieht so königlich aus …“

Krebs: „Sei mal mutig – er wird schon nicht beißen.“

Ich: „Na, wenn Du meist. Vielen Dank!“

Krebs: „Bitte – ich hab's ja auch für mich selber getan. Schließlich bin ich ja auch ein Teil dieser Gemeinschaft, zu der auch Du gehörst.“

Ich: „Ehm … ja … natürlich … Alles Gute!

Krebs: „Dir auch alles Gute!“

5. Woher?

♌

Ich: „Hallo."

Löwe: „Hallo. Was führt Dich zu mir?"

Ich: „Die Krebs-Frau, dort hinten hat mich zu Dir geschickt."

Löwe: „Weise von ihr."

Ich: „Ehm – inwieweit kannst Du mir denn weiterhelfen?"

Löwe: „Ich werde Dir schon helfen können. Aber wobei denn?"

Ich: „Schlicht gesagt, will ich die Welt verbessern."

Löwe: „Ich nehme an, es geht um Klimaerwärmung, Kriege, Artensterben und dergleichen?"

Ich: „Ja – woher weißt Du das?"

Löwe: „Geht's derzeit nicht ständig darum?"

Ich: „Auch wieder wahr."

Löwe: „Was willst Du denn konkret von mir? Wie kann ich Dir helfen?"

Ich: „Das weiß ich noch nicht. Bislang kann ich sehen, dass wir eine Herrschaft der Weisheit brauchen – eine 'Sophikratie' – dass wir zu Eltern der Erde werden müssen, Einsichtigkeit und weitsichtigen Egoismus und Kooperation brauchen, dass wir als Menschheit kollektiv erwachsen werden müssen und dass dabei Vertrauen und Verantwortung wichtig sind … und dass wir Frieden auf Erden brauchen … Und ich habe ein Bild dafür: Ein Foto der Erde mit einem Kreis von stilisierten Menschen ringsum, die sich an den Händen halten. Ja, und ich habe die Wichtigkeit begriffen, dass wir alle eine Gemeinschaft, eine Familie bilden müssen und daß wir uns auch als solche erleben."

Löwe: „Dann fehlt ja noch das Wichtigste."

Ich: „Das Wichtigste fehlt noch?"

Löwe: „Ja – Deine Gemeinschaft besteht aus einzelnen Menschen, es sind Menschen, die erwachsen und zu Eltern werden sollen, es sind Menschen, die die Sophikratie aufbauen und in Vertrauen und Verantwortung leben sollen."

Ich: „Das stimmt.“

Löwe: „Also müssen die einzelnen Menschen dazu auch in der Lage sein.“

Ich: „Ehm … ja …“

Löwe: „Das sind sie aber nicht.“

Ich: „Warum?“

Löwe: „Zwei Drittel von ihnen sind leidlich gesund und mit sich selber in Frieden, aber das dritte Drittel ist mehr oder weniger schwer krank und gestört. Ein Teil von ihnen lebt in Mangel, ein weiterer Teil in Angst und noch ein Teil in Selbstzweifeln. Die Hälfte von ihnen, also ein Sechstel der Menschen ist zu laut – da werden die Mangel-Menschen zu Süchtigen, die Angst-Menschen zu Tätern und die Selbstzweifel-Menschen zu Angebern. Das andere Sechstel sind zu leise – da werden die Mangel-Menschen zu Verzichtenden, die Angst-Menschen zu Opfern und die Selbstzweifel-Menschen zu den Schüchternen.“

Ich: „Diese Aufteilung kenne ich.“

Löwe: „Dann siehst Du ja sicherlich auch, dass das viele Probleme geben wird, wenn Du den Menschen zeigen willst, wie sie sich ändern müssen.“

Ich: „Ja …“

Löwe: „Die Süchtigen werden gegen jede Einschränkung sein, die Täter werden um ihre Freiheit fürchten, die Angeber haben Angst, dass Du ihnen die Show stiehlst, die Verzichtenden werden sagen, dass strengere Gesetze gebraucht werden, die Opfer werden sagen, dass andere für sie sorgen sollen, und die Schüchternen werden gar nicht mehr wissen, was sie tun sollen …“

Ich: „Ja – ich kann sehen, was Du meinst … Aber was schlägst Du denn da vor?“

Löwe: „Heilung.“

Ich: „Heilung?“

Löwe: „Heilung, Selbsterkenntnis, Selbstvertrauen, Selbstliebe, Selbstausdruck, Selbsttreue … Ganz das klassische 'Erkenne Dich selbst.' der alten Mysterien …“

Ich: „Oje … das wird ja immer größer, dieses Projekt 'Sophikratie' …“

Löwe: „Du willst Doch gründlich sein, oder?“

Ich: „Ja … aber das ist mehr, als ich anfangs geahnt habe …“

Löwe: „Das ist so. Das ist alles notwendig. Woher soll denn die Einsicht kommen, die die Menschen dazu bewegt, weitsichtige Entscheidungen zu treffen? Jugendliche in der Pubertät können das nicht – und wir verhalten uns kollektiv noch immer wie pubertierende Halbstarke.“

Ich: „Und wie können wir das ändern?“

Löwe: „Wie endet denn die Pubertät, wenn es ein gutes Ende der Pubertät ist? … Sie endet mit der Selbsterkenntnis. Wenn die Jugendlichen erkannt haben, wer sie sind und was sie wollen, dann können sie selbsttreu werden, dann können sie erwachsen werden. Die Mysterien stehen am Übergang von der Pubertät zum Erwachsensein. Daher brauchen wir moderne Mysterien, die genau diese Wirkung haben – dass die pubertäre Menschheit zu einer erwachsenen Menschheit wird.“

Ich: „Oje …“

Löwe: „Und dafür brauchen wir deutlich mehr Therapien, Meditation, Selbsterfahrung, Schwitzhüten, Feuerläufe, Traumreisen zur eigenen Seele – alles, was dabei helfen kann, sich selber zu erkennen und dadurch erwachsen zu werden.“

Ich: „Ja – ich kann sehen, dass Du recht hast. Die Menschheit als 'Eltern der Erde' ist nicht durch eine einzelne Maßnahme erreichbar, sondern muss wohl an vielen Stellen begonnen werden …“

Löwe: „Ja. Mein Teil daran sind die Selbsterkenntnis, die Meditation und die Mysterien. Andere übernehmen andere Aufgaben.“

Ich: „Ja … und ich die Forschung.“

Löwe: „Wenn die Menschen wissen, was sie wollen, können sie auch weitsichtig entscheiden, planen und handeln. Solange ein zu großer Teil der Menschheit noch immer in Mangel, Angst und Selbstzweifeln gefangen ist, werden sie von ihren inneren Bildern gebannt – und wer auf seine inneren Bilder der Sucht und des Verzichts, des Angriffs und der Flucht, der Angeberei und der Scham blickt, der kann nicht weit voraus schauen und schon gar nicht weitsichtig handeln.“

Ich: „Also fängt es mit der Selbsterkenntnis an.“

Löwe: „Nein – es fängt überall an. Es beginnt an allen Stellen gleichzeitig: Selbsterkenntnis, Abrüstung, Verhinderung der Klimaerwärmung, Verringerung der Zahl der Menschen auf der Erde, ein umfassendes Recycling, eine andere Wirtschaftsform, eine andere Regierungsform … Jeder, der an einer Stelle etwas voranbringt, fördert zugleich auch alle anderen Bereiche.“

Ich: „Also eine Graswurzel-Revolution.“

Löwe: „Nein – eine Weiterentwicklung auf breiter Front. Aber da viele an vielen Stellen etwas weiterentwickeln, kann man es notfalls auch als 'Graswurzel-Revolution' bezeichnen … obwohl es ja eher eine Evolution ist …“

Ich: „Ja, gut … also Heilung der Mangelgefühle, der Ängste und der Selbstzweifel der Menschen … gibt es da noch mehr?“

Löwe: „Ja. Wir müssen die Menschheit als einen Gesamtorganismus begreifen. Und wir müssen das gesamte Leben auf der Erde als einen Gesamtorganismus betrachten. Schließlich wirkt alles auf alles andere und jede kleine Änderung verschiebt die Gleichgewichte in dem Ganzen."

Ich: „Meinst Du das Bild der Gaia?"

Löwe: „Du kannst es so nennen, wenn Du das Richtige darunter verstehst. Wir sind alle voneinander abhängig. Und die Menschen sind auch von allen Tier- und Pflanzenarten abhängig. Die Lebenskraft fließt zwischen uns hin und her und wir haben ein gemeinsames Unterbewusstsein – wir Menschen, aber auch alle Lebewesen auf der Erde und auch die Erde mit allen Lebewesen auf ihr. Das ist das, was C.G. Jung das kollektive Unterbewusstsein genannt hat. Mit dem müssen wir zusammenarbeiten."

Ich: „Wie soll das gehen?"

Löwe: „Handlungen, die von weitsichtigem Egoismus geprägt sind, lassen Bilder von weitsichtigem Egoismus im kollektiven Unterbewusstsein entstehen und verbinden sich dort nach und nach zu einem Urbild, das dann irgendwann selber genügend Kraft hat, um zu wirken."

Ich: „So wie die Sache mit dem 100. Affen? Als damals die Affen auf der einen Insel gelernt haben, Süßkartoffeln vor dem Essen im Wasser zu waschen – und plötzlich auch die Affen auf den anderen Inseln alle ihre Kartoffeln gewaschen haben, obwohl sie keinen Kontakt zu der Insel hatten, auf der die ersten Affen das Süßkartoffel-Waschen entdeckt hatten?"

Löwe: „Ja – das ist die Wirkung, wenn ein Bild im kollektiven Unterbewusstsein stark genug wird. Dann endet die ‚nur Aufbau'-Phase des Bildes und das Bild beginnt auch seinerseits zu wirken."

Ich: „Also jeder macht an seinem Platz das, was er kann und was sinnvoll ist."

Löwe: „Ja. Und wenn manche etwas Größeres machen, was viele wahrnehmen – ein Buch schreiben, einen Film machen, einen Erfindung machen, eine Rede halten, ein Unternehmen gründen, eine NGO gründen und dergleichen mehr – dann kann das natürlich auch eine größere Wirkung haben und kann dann dieses angestrebte Bild des erwachsenen Verhaltens der Menschheit sehr stark fördern und die Entwicklung deutlich voran bringen."

Ich: „Hm … kann das nicht den Einzelnen Stress machen? Dass sie denken, sie müssten etwas Großes erschaffen?"

Löwe: „Niemand muss etwas Großes erschaffen. Jeder Einzelne braucht nur sich selber zu erkennen und dann das zu sein und zu leben, was er ist. Manche Taten fallen mehr auf als andere, aber sie sind deshalb nicht wichtiger. Selbsterkenntnis, Selbstliebe und Selbstreue sind das, was zählt. Der Drang, etwas Großes zu vollbringen, ist fast immer ein getarnter Selbstzweifel, ein Mangel an Selbstsicherheit, an Selbstliebe, an Selbsttreue."

Ich: „Ja … ich kann sehen, was Du meinst …"

Löwe: „Gut, dann geh jetzt mal zur Jungfrau. Die nächste Stufe ist nun, den Weg zu Deinem Ziel in einzelne konkrete Schritte zu zerlegen und für jeden Schritt einen ganz konkreten Plan zu entwerfen, wie er erreicht werden kann. Und dafür ist die Jungfrau zuständig – das kann sie gut."

Ich: „Ja, gut … dann ist das jetzt das Nächste. Vielen Dank!

Löwe: „Bitte. Ich tue das aus weitsichtigem Egoismus."

Ich: „Äh … ja … Alles Gute!"

Löwe: „Viel Erfolg!"

6. Wie?

♍

Ich: „Ich bin …"

Jungfrau: „Ich weiß schon Bescheid – der Löwe hat mir eine Nachricht geschickt. Du willst die Welt verändern, aber weißt nicht, wie. Da müssen wir analytisch vorgehen – aber nicht nur. Wir wissen, dass das neue System einer Familie gleichen muss – also können wir auch daraus Schlussfolgerungen für die Konstruktion ziehen. Was ist da wichtig? Vor allem Politik und Wirtschaft, aber auch die Bildung als Grundlage – und natürlich die Heilung der Einzelnen. Da ist …"

Ich: „Ehm – ich …"

Jungfrau: „Stören Sie mich nicht! Sie wollen doch Hilfe haben, oder?"

Ich: „Ja, aber …"

Jungfrau: „Dann lassen Sie mich denken! Also: zuerst die Politik. Da können sich die Menschen immer am wenigsten vorstellen, wie es anders sein könnte. Da haben wir zur Zeit das übliche pubertäre System: Parteien, Wettbewerb, Konkurrenz, der Sieger bestimmt alles, der Sieger bekommt alles. Wirklich pubertär, dieses System. Gut – wir brauchen ein erwachsenes System, das offensichtlich auf der Kooperation beruhen muss. Was haben wir da?"

Ich: „Einsicht, weitsichtiger Egoismus, Weisheit …"

Jungfrau: „Ich weiß! Der Löwe hat mir eine Nachricht geschickt! Das war eine rhetorische Frage von mir!"

Ich: „Oh … Pardon …"

Jungfrau: „Weiter. Was brauchen wir? Strukturen, ein System, Regelkreise, Absicherungen, Korrekturmechanismen, Kontrollen … Und das Ziel ist Kooperation und daher auch Effektivität, denn auf Dauer kann sich niemand diese Ineffektivität leisten, die die Demokratie und die freie Marktwirtschaft hat. Der Kommunismus war ein idealistischer Ansatz, aber er hat nicht funktioniert. Und Autokratien und Diktaturen sind nur ein Rückfall in das Königtum – alle Macht bei einem. Dafür sind die Menschen noch immer anfällig, wenn's schwierig wird. Der starke Mann soll's richten … eben der Vater …"

Ich: „Aber wie soll das gehen?"

Jungfrau: „Erst die Analyse des Problems, dann die Formulierung des Ziels – und erst am Schluss die Entwicklung des neuen Systems. Klar?“

Ich: „Ehm ... ja, gut …“

Jungfrau: „In der Familie … da kann nur sinnvoll gehandelt werden, wenn alle wichtigen Daten auf dem Tisch liegen: Wer in welcher Situation ist, wer was braucht, wie viel Geld da ist, welche Möglichkeiten es gibt wie z.B umzuziehen, einen zusätzlichen Job annehmen usw. Wir brauchen also auch kollektiv ein System, bei dem alle wichtigen Daten auf dem Tisch liegen und für alle zugänglich sind. Da macht das Internet schon einiges, aber das wird noch nicht reichen … Aber das gehört wohl mehr zu der Betrachtung der Wirtschaft – das kommt als zweites dran.“

Ich: „Und die Politik.“

Jungfrau: „Kommt ja schon! … Drei Punkte sind schon mal offensichtlich:

1. Wir brauchen ein Globalrecht, das für alle Staaten verbindlich ist und das dafür sorgt, dass wir weder die Erde z.B. durch die Klimaerwärmung zerstören noch uns selber z.B. durch einen Atomkrieg. Und dieses Globalrecht sollte auch Vorschriften für den Umgang mit den Rohstoffen enthalten – also nachwachsende Rohstoffe, Recycling, möglichst viele genormte Bauteile, die wiederverwendet werden können, also das LEGO-Prinzip … Da gibt's noch vieles mehr, aber es geht ja jetzt um die grundlegende Konstruktion eines auf Weisheit basierenden politischen Systems – einer Sophikratie.

2. Es muß notwendigerweise das Prinzip der Ursachenlösungen bezüglich aller Probleme – auch der großen Probleme wie Kriege und Klimaerwärmung – eingeführt werden. In einer Familie würde man einsehen, dass die Symptom-Bekämpfungen nicht weit führen – nun, ja … das gilt zumindest für intakte Familien. Also nicht mehr nur die Grenzen gegen Migranten dicht machen, sondern dafür sorgen, dass die Migranten erst gar nicht ihr Land verlassen wollen. Das erfordert ein differenziertes Verhalten in der Übergangszeit, bis die Einsicht groß genug geworden und zu konkreten Taten und Ergebnissen geführt hat – diese Phase wird schwierig werden. Das ist wie das Gründen einer Familie, in der sich Mann und Frau auch erst mal zusammenraufen und auf die neue Lebenssituation einstellen müssen – vor allem, wenn dann auch noch ein Kind da ist.

3. Dann brauchen wir noch einen organischen Aufbau, damit man in abgestufter Weise die für alle verbindlichen Notwendigkeiten mit der individuellen Freiheit koordinieren kann – also eine Art 'differenzierte Selbstbestimmung'. Das wären dann die allgemeinen Regeln der UNO, die das Überleben der Menschen sichert; dann die staatliche Regelungen, die regionale Regelungen, die örtliche Regelungen und schließlich sie selbstbestimmten individuelle Regelungen.“

Ich: „Das ist aber noch nichts besonders Neues …“

Jungfrau: „Ich stecke ja auch erst den Rahmen ab, in dem wir uns bewegen – das ist nötig, um Orientierung zu bekommen.“

Ich: „Ah … verstehe …“

Jungfrau: „Dann gibt es noch eine weitere notwendige Grundlage:

4. Die Notwendigkeit der Einsicht in Zusammenhänge wird nicht vom Himmel fallen, sondern sollte in der Schule gelehrt werden – ebenso der weitsichtige Egoismus … Das wird wohl eine Weile dauern, bis sich das etabliert haben wird – aber wir suchen ja gerade nur das Grundkonzept und noch nicht das Vorgehen bei der Umsetzung.

Wir brauchen das Konzept des mündigen Volkes statt 'das Volk muss vor sich selber geschützt werden'. Da ist das Abschreckungs-Argument stets, das das Volk als Ganzes für die Wiedereinführung der Todesstrafe stimmen würde. Aber ohne ein mündiges Volk kann es keine Kooperation geben. Also muss etwas dafür getan werden, dass möglichst alle in der Lage sind, Zusammenhänge zu erkennen und die nächsten zehn Konsequenzen, die sich aus ihren Entscheidungen ergeben, zu überschauen.“

Ich: „Das klingt schon mal gut: 1. Globalrecht, 2. Ursachenlösungen, 3. organischer Aufbau, 4. Lehren von Weitsicht … Aber ein neues System kann ich noch nicht erkennen.“

Jungfrau: „Da bin ich ja auch noch nicht! Sei nicht so ungeduldig. Das Entwickeln von Neuem erfordert Sorgfalt!“

Ich: „Ja … gut …“

Jungfrau: „Das System braucht einen Rahmen … Was kann dieser Rahmen sein? … Was soll dieser Rahmen leisten? … Er muss das Überleben sichern und dafür sorgen, dass weitsichtige Entscheidungen, also langfristig für alle sinnvolle Entscheidungen getroffen werden … Woraus besteht dieser Rahmen? … Das können nur Werte sein … Wer entscheidet, was dieser Rahmen ist? Wer legt diese Werte fest? … Das können nur alle gemeinsam tun, da sie für alle gelten. … diese Werte sind dann für alle verbindlich.

Aber das darf keine Sieger/Verlierer-Abstimmung sein, sondern das muss eine Synthese aus allen Werten, die eine bestimmte Mindestanzahl von Stimmen erhalten haben, sein. Das wäre dann der bestmögliche Kompromiss.

Da gibt es dann natürlich das Problem, dass jeder möglichst große Ansprüche stellt … aber das kann man ja regeln – z.B. das für die verschiedenen Ziele entsprechend der Stimmen für dieses Ziel das zur Verfügung stehende Geld und die zur Verfügung stehende Arbeit zugeteilt wird. Oder wenn 70% für etwas sind und 30% dagegen, dann wird zwar das 'dafür' umgesetzt, aber mit Einschränkungen. Es muss immer der Willen von allen berücksichtigt werden.“

Ich: „Das klingt interessant – das ist ein 'sowohl als auch'-Verfahren statt des demokratischen 'entweder oder'-Verfahrens. Aber kann das funktionieren?“

Jungfrau: „Das ist doch gerade nur ein erster Entwurf! Das sind grundsätzliche Überlegungen und noch lange nicht der Feinschliff!“

Ich: „Stimmt natürlich …“

Jungfrau: „Das System muss stabil sein – das sind die Grundwerte. Die dürfen nicht durch Launen oder kurzfristige Krisen ins Wanken kommen. Wie kann man das erreichen? … Ja – man könnte alle Menschen alle sechs Jahre über diese Grundwerte abstimmen lassen. Vorher müssten Vorschläge eingereicht werden, die eine Mindestzahl von Stimmen brauchen. Da braucht es noch eine zusätzliche Staffelung: Details können in dem allgemeinverbindlichen Wertesystem gleich geändert werden; über mittelgroße Dinge muss nach einen Jahr noch einmal abgestimmt werden – diese Änderungen werden erst übernommen, wenn sie zweimal nacheinander eine Mehrheit erreichen; und grundlegenden müssen dreimal im Abstand von jeweils einem Jahr die Zustimmung erhalten.

Ob das jetzt schon wirklich ausgereift ist, weiß ich nicht … Auch bei den Werten müssen auf jeden Fall auch immer alle Stimmen berücksichtigt werden – es muss also das 'sowohl als auch'-Prinzip gelten und nicht das 'entweder oder'-Prinzip. Das 'the winner takes it all'-Verfahren ist die Grundschwäche der Demokratie …“

Ich: „Eine ungewohnte Blickweise, aber verständlich … In einer Familie setzt sich ja auch nicht ein Sieger durch … wenn da einer alles bestimmt und alles bekommt, kann die Familie nicht gedeihen und wird wahrscheinlich früher oder später auseinanderbrechen …“

Jungfrau: „Es müssten auch Petition möglich sein – also Abstimmungen über ein bestimmtes Thema. Auch da gelten die beiden Prinzip der mehrfachen Wahl und des 'sowohl als auch' Verfahrens.“

Ich: „An diese Art des Denkens – also dass immer alle Wünsche und Meinungen anteilsmäßig berücksichtigt werden – muss ich mich noch gewöhnen …“

Jungfrau: „Die Regierung ist dann an diese Werte gebunden – sie muss ihnen entsprechend handeln. Sie könnte weiterhin alle vier Jahre gewählt werden – aber möglichst in einem anderen Rhythmus als die Grundwerte-Wahlen.“

Ich: „Das müsste aber noch im Detail ausgearbeitet werden.“

Jungfrau: „Das soll hier ja auch keine Rechts-Text werden, sondern die Suche nach einem politischen System, das auf der Kooperation beruht!“

Ich: „Ja, ja – schon gut …“

Jungfrau: „Gut – noch ein paar Gedanken dazu:

1. Vor Entscheidungen sollte stets die Anhörung von verschiedenen Fachleuten über Ursachen und langfristigen Wirkungen stehen.

2. Alle Werte und Meinungen müssen beim Regieren anteilsmäßig berücksichtigt werden – auch die, die sich widersprechen. Es gibt also nicht den Sieg des Stärksten bzw. der Mehrheit, sondern eine ausgewogene Richtung, die alle Qualitäten berücksichtigt. Das ist das 'Eltern-Prinzip' anstelle des demokratischen 'Sieger-Prinzips'.

3. Zu der anteilsmäßigen Umsetzung der Werte und Meinungen gehört auch die Verteilung der Finanzen nach diesem Verhältnis. Es muss dafür gesorgt werden, dass ein einzelner Minister nicht die anteilsmäßige Umsetzung blockieren kann.

4. Einzelne können gegen nachweislich schädliche Entscheidungen klagen.

5. Der Kanzler o.ä. ist an die anteilsmäßige Umsetzung der Werte und Meinungen gebunden.

6. Bei schwierigen Fällen in Bezug auf die anteilsmäßige Umsetzung ist die genaue Betrachtung der langfristigen Auswirkungen besonders wichtig.

7. Dieses System wird nicht ohne innere Spannungen sein, aber es ist immerhin schon mal auf Kooperation ausgerichtet.“

Ich: „Das klingt schon ganz gut … Das Eltern-Prinzip des 'sowohl als auch' anstelle des Sieger-Prinzips des 'entweder oder' … Das bringt eine ganz neue Dynamik in die Politik …“

Jungfrau: „Die Regierungen der einzelnen Staaten sind an allgemeingültige Werte der UNO gebunden, deren Werte ebenfalls durch Wahlen festgelegt und weiterentwickelt werden – dadurch erhält die UNO mehr Autorität. Auch hier gilt das 'sowohl als auch'-Prinzip, nach dem alle Werte und nicht nur der Wert der Mehrheit berücksichtigt werden muss.

Ich: „Diese Finden einer Synthese aus allen Meinungen scheint mir recht anspruchsvoll zu sein.“

Jungfrau: „Neu und ungewohnt – aber nicht unbedingt schwierig. In funktionierenden Familien wird das schon so gemacht. Und es hat den großen Vorteil, dass am Ende fast alle hinter den Beschlüssen stehen und nicht nur die Sieger.“

Ich: „Das klingt ein wenig wie das Konsens-Prinzip.“

Jungfrau: „Nein! Beim Konsens-Prinzip sind am Ende alle einer Meinung. Bei dem 'Eltern'-Prinzip werden hingegen alle unterschiedlichen Meinungen berücksichtigt und jeder erhält einen Teil seiner Wünsche erfüllt. Beim Konsens-Prinzip müssen sich alle einig werden – beim Eltern-Prinzip müssen nur alle anteilsmäßig berücksichtigt werden. Dadurch ist das Eltern-Prinzip leichter anwendbar: Es müssen sich nicht alle darüber einig werden, was das Beste ist, sondern sie müssen sich nur einig darüber sein, dass alle im Rahmen des Möglichen und im Rahmen der Erhaltung der Gemeinschaft berücksichtigt worden sind. Das ist etwas anderes als eine Konsens-Bildung."

Ich: „Ja, gut ... das kann ich sehen ... Aber wie kann solch ein System denn durchgesetzt werden?"

Jungfrau: „Das wird wohl nicht sofort funktionieren, sondern muss weiterentwickelt werden. Vermutlich kann es auch nicht gegründet, sondern nur entwickelt werden ... doch das ist mir noch nicht ganz klar. Mit scheint jedoch eine allmähliche Entwicklung wahrscheinlicher, in der es auch einige kleinere Schritte geben kann, die eher Gründungen sind. Auf jeden Fall scheint mir eine Revolution als Weg zu eine solchen Sophikratie, in der nach dem Eltern-Prinzip entscheiden wird, sehr unwahrscheinlich."

Ich: „Warum?"

Jungfrau: „Was ist eine Revolution? Ein Aufstand gegen die bestehenden Formen. Das entspricht dem Beginn der Pubertät, in der sich die Jugendlichen gegen ihre Eltern auflehnen – Selbstbestimmung statt Königtum. Daher gehören Revolutionen hauptsächlich zu der Epoche zwischen Königtum und Materialismus. Der Übergang von der Pubertät zum Erwachsensein ist hingegen von Selbsterkenntnis, Einsichten, Festlegungen, Zusammenarbeit und ähnlichem geprägt."

Ich: „Also keine Revolution ... das beruhigt mich, denn das ist das Letzte, was ich anstrebe ... Ich will einen friedlichen Übergang zu einem sinnvolleren System und keinen Bürgerkrieg ..."

Jungfrau: „Der zentrale Punkt wird es sein, eine Sachkenntnis dazu zu entwickeln, wie die Synthese der Meinungen gefunden werden kann, in der alle Meinungen anteilsmäßig berücksichtigt werden. Es dürfen keine Blockaden durch Einzelne möglich sein ...

Vermutlich ist auch so eine Art Werte-Kontrollinstanz notwendig, die aber nicht einen festgelegten Wert wie den Islam bei den Revolutionswächtern im Iran vertritt, sondern die eben die Einhaltung des allgemeingültigen Wertesystems der UNO und das ihm untergeordnete Wertesystem des eigenen Staates überwacht. Das ist dann so was Ähnliches wie das Verfassungsgericht, das an das Grundgesetz gebunden ist – nur das diese Werte-Kontrollinstanz auch noch an die UNO-Werte gebunden ist. Alle diese Werte können auch weiterentwickelt werden – das ist notwendig, um auf veränderte Situationen eingehen zu können."

Ich: „Aber wie bringt man die Staaten dazu, mitzumachen? Wie bringt man sie dazu, sich an die UNO-Werte zu halten, die das Überleben der Menschen auf der Erde absichern sollen?"

Jungfrau: „Das wird nicht einfach – aber das ist in keinem System einfach. Es gibt ja auch in Familien und allen Arten von Gruppen solche, die das ganze System zerstören oder die das größte Stück Kuchen haben wollen. Das lässt sich nicht vermeiden, aber die Solidarität der Staaten, die sich an diese Regeln halten und die die anderen Staaten, die sich nicht an sie halten, isolieren, wird auf Dauer einen Druck aufbauen können, der groß genug ist, um alle Staaten dazu zu bringen, sich an die Grundwerte der UNO zu halten."

Ich: „Ob das funktioniert?"

Jungfrau: „Das wird sicherlich noch eine ganze Weile recht holperig werden, aber wenn fast alle Staaten zusammenhalten, wird das einen ausreichend großen Druck bewirken."

Ich: „Ja – bei dem russischen Angriffskrieg gegen die Ukraine haben ja China, Indien und Nordkorea den Handel mit Russland nicht eingeschränkt, wodurch Russland den Boykott durch die übrigen Staaten einigermaßen kompensieren kann. Damit das neue Sophikratie-System funktionieren kann, ist also eine weitestgehende Einigkeit zwischen den Staaten über dieses System notwendig."

Jungfrau: „Ja – es ist eben ein Kooperationssystem und erhält seine Kraft eben genau durch diese Kooperation."

Ich: „Das war's dann?"

Jungfrau: „Nein – da ist doch auch noch das Wirtschaftssystem. Das muss ebenfalls zu einem Kooperationssystem umgebaut werden."

Ich: „Wie soll das aussehen?"

Jungfrau: „Zunächst müssen die Nachteile deutlich werden:

1. In dem derzeitigen Konkurrenz-System, also in dem Wettbewerb-System werden nicht die bestmöglichen und haltbarsten Produkte hergestellt, sondern die, die am meisten Gewinn versprechen. Das muss geändert werden.

2. Es werden viele Produkte hergestellt, die sich nur wenig unterscheiden, aber die alle entwickelt, designt und vermarktet werden – was eine unnötige Mehrfacharbeit ist. Das muss geändert werden.

3. Es werden viele Produkte hergestellt, die nicht oder nur schwer recycelt werden können. Das muss geändert werden.

4. Es werden viele Produkte hergestellt, die man als Ganzes wegwerfen muss, wenn sie kaputt sind, da ihre Bestandteile nicht wiederverwendet werden können, da sie keine einheitlichen Normen haben und nicht nach dem LEGO-Prinzip entworfen sind. Das muss geändert werden.

5. Es werden viele Produkte hergestellt, die ihre Hersteller nicht selber nutzen wollen würden – wie z.B. Wohnungen. Das muss geändert werden.

6. Es werden viele Produkte hergestellt, deren Preise sehr viel höher wären, wenn immer das Verursacherprinzip befolgt werden würde und alle Folgekosten – auch die für die Umwelt – auf den Verkaufspreis aufgeschlagen und an den Staat abgeführt werden würden. Das muss geändert werden.

7. In diesem System werden Reiche immer reicher und die Armen tendenziell auch immer ärmer. Das wird durch die Sozialgesetzgebung bereits abgefedert, aber auch das könnte noch verbessert werden."

Ich: „Das sind ja ziemlich viele Nachteile … Eigentlich ist das seltsam, dass die nicht allen bewusst sind …"

Jungfrau: „Einiges davon lässt sich durch Gesetze regeln:

1. Produkte, die nachweislich eine gewollt kurze Haltbarkeit haben, könnten mit Straf-Steuern belegt werden, die so hoch sind, dass es sich nicht mehr lohnt, solche Produkte zu produzieren und zu verkaufen."

Ich: „Da könnte es heftige Proteste geben … 'Freiheit der Wirtschaft' und so …"

Jungfrau: „Ja, natürlich – schließlich geht es ja darum, an die Stelle der Freiheit, also der Konkurrenz, die Kooperation zu installieren. Und die Kooperation dient allen, während die Konkurrenz nur dem Stärksten dient. Also werden sich die Stärksten gegen die Einführung des Kooperations-Prinzips wehren."

Ich: „Ja … das ist abzusehen …"

Jungfrau: „2. Die Herstellung vieler Produkte, die sich kaum unterscheiden, ist kaum sinnvoll. Daher sollte das jeweils sinnvollste Verfahren allgemein angewandt werden. Dazu wird eine Neuordnung des Patent-Verfahrens notwendig sein."

Ich: „Das klingt auch nicht gerade einfach – und sieht nach einem großen Potential für Konflikte aus …"

Jungfrau: „Ja – aber es geht ja schließlich darum, dass wir als Menschheit insgesamt sinnvoll handeln. Und wenn wir z.B. durch die Herstellung haltbarer Produkte letztlich weniger Rohstoffe brauchen und wir insgesamt weniger arbeiten müssen, ist das doch ein großer Vorteil."

Ich: „Schon – aber es gibt ja auch die Gierigen und die Machtsüchtigen und die Angeber …"

Jungfrau: „Deshalb ist es wichtig, auch die Heilung von psychischen Problemen allgemein zugänglich zu machen. Nur wenn die deutliche Mehrheit der Menschen weitgehend ohne Traumata ist und sich selber erkannt hat und sich selber treu ist, kann dieses Erwachsenen-Prinzip, diese Sophikratie funktionieren."

Ich: „Das sieht nach viel Arbeit aus, bevor wir bei einer funktionierenden Sophikratie angekommen sein werden …"

Jungfrau: „Ja – aber das ist der Weg. Niemand hat gesagt, dass er einfach ist. Erwachsenwerden ist für einen Pubertierenden auch nicht einfach.“

Ich: „Ja … gut … und weiter?“

Jungfrau: „3. Die Herstellung von Produkten, die nicht recycelt werden können, lässt sich durch Gesetze verhindern, denn rein technisch gesehen kann man sehr viele nachwachsende Rohstoffe verwenden und durch den Aufbau der Produkte das Recycling erleichtern.

4. Dasselbe gilt für das LEGO-Prinzip, das man auch verordnen kann. Dazu müssten für alle Bereiche DIN-Vorschriften erlassen werden, sodass es für einen bestimmten Zweck immer nur so viele Varianten gibt, wie technisch notwendig sind – z.B. Stecker, Schrauben, aber auch Akkus und größere Bauteile. Das würde die Wiederverwendung vieler Bauteile eines Apparates, der als Ganzes nicht mehr funktioniert, sehr erleichtern. Und es würde auch die Reparatur dieses Apparates deutlich erleichtern.“

Ich: „Das sind zwei Punkte, die schon vielen aufgefallen sind … vor allem das mit der Reparatur …“

Jungfrau: „5. Die Herstellung von Produkten, die die Hersteller selber nicht nutzen wollen würden – z.B. Wohnungen – lässt sich durch das Verursacher-Prinzip vermeiden. Die Bauherren eines Wohnsilos müssen anschließend auch ein Jahr lang in ihrem Wohnsilo wohnen …

6. Auch die Einrechnung der Folgekosten in den Preis eines Produktes in Form einer Strafsteuer o.ä. lässt sich per Gesetz durchführen.“

Ich: „Die Kooperation in der Wirtschaft kann offenbar durch die Politik eingeführt werden.“

Jungfrau: „Ja – aber die Kooperation in der Wirtschaft wird erst dann stabil werden, wenn alle ganz deutlich die großen Vorteile dieser Kooperation erleben.“

Ich: „Werden die Produzenten und auch die Käufer nicht fürchten, dass die Vielfalt der Produkte verloren geht?“

Jungfrau: „Sie können ja weiterhin vielfältig sein – nur ihre Bestandteile sind genormt und recycelbar und lange haltbar. Vielfalt ist noch immer möglich und die künstlerische Ausgestaltung ebenso. Es geht um die Grundlagen.“

Ich: „Das stimmt natürlich …“

Jungfrau: „7. Schließlich wird noch eine Überlebensabsicherung für alle benötigt – auch in einer Familie lässt man ja niemanden verhungern oder sieht tatenlos zum, wie er an einer Krankheit, die behandelt werden könnte, stirbt.

Hier wird ein System gebraucht, dass sowohl das Einkommen absichert, als auch einen Anreiz zur Eigeninitiative bietet – zum Beispiel durch eine anfänglich hohe, aber dann allmählich sinkende Versorgung durch den Staat.

Weiterhin sollte es eine allgemein zugängliche Krankenversorgung geben. Die hohen Kosten könnten durch alternative Heilweisen teilweise gesenkt werden. Einige von ihnen wie die Akupunktur werden ja auch schon von den Krankenkassen finanziert. Andere Maßnahmen wie Vorsorge und Reha-Sport können ebenfalls die Krankenkassenkosten deutlich senken."

Ich: „Hm … sind das schon alle Elemente, die eine kooperative Wirtschaft ausmachen?"

Jungfrau: „Nein. In einer Familie erhalten alle so viel, dass letztlich alle ungefähr gleich zufrieden sind – zumindest so zufrieden, dass sie in der Familie bleiben. Das gilt natürlich nur für funktionierende Familien. Es könnte daher möglich sein, so etwas wie Gewinnobergrenzen und Einkommensobergrenzen einzuführen – evtl. in Form von sehr stark steigenden Steuern in den oberen Gewinn- und Einkommenssteuerbereichen. Das ist derzeit noch ein heikler Punkt, da die Gesetze in der Regel von Menschen beschlossen werden, die selber reich sind … Daher hat auch Trump, als er Präsident der USA wurde, die Einkommensteuer für Unternehmen von 35% auf 21% gesenkt – und will sie, wenn er wiedergewählt wird, noch weiter auf 15% senken. Das kommt schließlich auch ihm selber zugute …"

Ich: „Was kann man da tun?"

Jungfrau: „Eine Offenlegung aller Finanzen – sowohl die von Unternehmen als auch die privaten Finanzen – würde weiterhelfen. Dann wüssten alle, wer wie viel Geld hat und wer wie viel verdient. Auch alle Wirtschaftsvorgänge sollten durchsichtig sein und ebenso der Wohlstand bzw. die Armut in den verschiedenen Ländern."

Ich: „Diese Durchsichtigkeit ist ja das genaue Gegenteil des Schutzes der Privatsphäre, die zur Zeit das Maß der Dinge ist."

Jungfrau: „Wie willst Du eine Kooperation erreichen, wenn die Daten des Bereiches, in dem kooperiert werden soll, nicht auf dem Tisch liegen?"

Ich: „Auch wieder wahr … Aber wenn alle alles über alle wissen …"

Jungfrau: „Nicht alles – nur die relevanten Daten. Also Dein Einkommen, Dein Kapital – aber nicht die Namen all Deiner Freundinnen oder die Farbe Deiner Unterhose oder der Name Deines Lieblings-Musikers und auch nicht Deine Adresse."

Ich: „Und das ändert etwas?"

Jungfrau: „Es ändert erst einmal nichts, aber die Situation wird klarer. Auch in einer Familie gibt es Dinge, die alle wissen, und ebenso Dinge, die privat bleiben."

Ich: „Gut … die Durchsichtigkeit und die Grenzauflösung sind ja Dinge, die in einem System, das auf der Kooperation basiert und in der sich eine Gemeinschaft als

Ganzes organisiert, zwangsläufig eine Voraussetzung sind … Da ist dann wohl ein Umdenken notwendig …"

Jungfrau: „Ja – ist es. Dann gibt es noch drei Punkte."

Ich: „Welche? Ich dachte, wir wären am Ende angekommen."

Jungfrau: „Nein – sind wir nicht.

1. Da gibt es die Kooperation im Kleinen und im Großen im Alltag: Nachbarschaftshilfe, Kisten mit 'zu verschenken' rausstellen, lokale Nachbarschafts-Webseiten, Carsharing, Secondhand-Läden, Sozialkaufhäuser, Flohmärkte und ähnliches mehr. Das ließe sich durchaus noch ausbauen.

2. Dann gibt es da eine ausgesprochen wichtige Frage: 'Was brauche ich wirklich um glücklich zu leben?' Wenn man da aufrichtig ist, wird man feststellen, dass das recht wenige materielle Dinge sind und sehr viel mehr im Bereich von Liebe, Freundschaften, Erlebnissen, Meditation, Abenteuer, Kunst und dergleichen."

Ich: „Ja … das kann ich mir gut vorstellen … Eine wirklich gründliche Klarheit in diesem Punkt würde das Bruttosozialprodukt und auch die Arbeitszeit vermutlich um ein Drittel verringern – und alle hätten mehr Zeit für die wesentlichen Dinge …"

Jungfrau: „ Und noch ein Letztes, das in eine ganz andere Kategorie gehört:

3. Wir können und als Menschheit und die Wirtschaftsvorgänge auch durch Telepathie koordinieren."

Ich: „Wie meinst Du das?"

Jungfrau: „Fast jeder kennt das, dass man sich etwas wünscht und das dann auch eintrifft – oder man fürchtet etwas und es tritt ein – oder man denkt an jemanden und der Betreffende ruft einen Augenblick später an. Dieses telepathische Wünschen kann zu einer allgemeinen Koordination von Wünschen und Möglichkeiten führen. Vieles in dieser Art wird heute über das Internet geregelt, aber die Weiterentwicklung der Telepathie, also der 'Wünsche an das Universum', wie der Titel eines Buches zu diesen Thema lautet, kann diese Koordination noch einmal einen großen Schub geben. Dafür ist es wieder förderlich, wenn die Einzelnen ihre grundlegenden psychischen Probleme gelöst haben, denn ein Trauma kann diese Form des Wünschens, diese Telepathie recht wirksam blockieren.

Wenn da eine Heilung erreicht wird, wird – da das kollektive Unterbewusstsein, das ja durch die telepathische Koordination der Unterbewusstseine der einzelnen Menschen entsteht – zusammen mit dem Internet die Koordination der Einzelnen zu einer Gemeinschaft bewirken. Dann wird der 'sinnvolle Zufall', also die Telepathie und das kollektive Unterbewusstsein, vieles koordinieren."

Ich: „Das war's jetzt?"

Jungfrau: „Fast. Es gibt da noch das grundlegende und sehr unbeliebte Thema der Überbevölkerung der Erde. Zu einer gut funktionierenden Familie gehört auch die Empfängnisverhütung, also die absichtliche Planung der Familiengröße. Dasselbe gilt auch für die Menschheit: die Überbevölkerungsverhütung. Es leben bereits zu viele Menschen auf der Erde – die derzeitigen 8 Milliarden Menschen sollten am besten durch 2-3 Generationen der 1-Kind-Familie auf 1-2 Milliarden Menschen reduziert werden. Das kann durch die Förderung von 1 Kind, der Neutralität bei 2 Kindern und Strafabgaben bei mehr Kindern bewirkt werden. Vermutlich sind da aber auch noch weitergehende Maßnahmen nötig."

Ich: „Das wird sehr unbeliebt sein."

Jungfrau: „Nicht, wenn vorher die Einsichtsfähigkeit gefördert wird."

Ich: „Hm ..."

Jungfrau: „Weniger Menschen – weniger Produktion – weniger Abgase – weniger Klimaerwärmung – mehr Wald – mehr Sauerstoff ...

Und in den 200 Jahren seit 1800 hat sich die Zahl der Menschen auf der Erde nicht nur um die Hälfte vergrößert, sondern sie hat sich vervierfacht – von 2 Milliarden auf 8 Milliarden. Stell Dir vor, wir vervierfachen das in den nächsten 200 Jahren bis 2400 noch mal – das wären dann 32 Milliarden statt der heutigen 8 Milliarden. Siehst Du das Problem? Es wird alles zusammenbrechen, wenn wir nichts tun!"

Ich: „Klingt leider schon sehr einleuchtend ... aber die Begrenzung auf die 1-Kind-Familie wird wohl trotzdem nicht auf Begeisterung stoßen ..."

Jungfrau: „Sicherlich nicht – aber das ändert nichts an ihrer Notwendigkeit."

Ich: „Das war der letzte Punkt?"

Jungfrau: „Ja. Allerdings solltest Du noch etwas beachten."

Ich: „Was denn?"

Jungfrau: „Es gibt keine Form, die nicht unterwandert und zerstört werden könnte. Es gibt nicht die gegen alles geschützte 'rettende Form'. Die Form – mag sie nun unsinnig oder sinnvoll sein – ist letztlich immer nur ein Übereinkunft, eine Absprache zwischen den Menschen."

Ich: „Ja ... aber sinnvolle Absprachen sind doch, auch wenn sie zerstörbar sind, doch trotzdem – nun, ja – eben sinnvoll ..."

Jungfrau: „Natürlich. Ich will nur vermeiden, dass Du denkst, dass es eine Ordnung gibt, die sich selber erhält, die euch trägt – und die ihr selber nicht tragen und erhalten müsst."

Ich: „Ja – die Sehnsucht nach solch einer 'tragenden Ordnung' ist wohl die Sehnsucht nach den Eltern … Aber derzeit muss die Menschheit erwachsen werden und selber zu 'Eltern der Erde' werden, also selber das System erhalten und bewahren … Das ist schon eine arge Umgewöhnung, die da ansteht …“

Jungfrau: „Ja – eine große Umstellung – aber eine unvermeidbare Umstellung, wenn ihr Menschen erwachsen werden wollt …“

Ich: „Ja … da hast Du recht … … … Das war's dann jetzt?“

Jungfrau: „Ja – aber fass das noch mal zusammen.“

Ich: „Ja gut … lass mich nachdenken … Das Wesentliche ist das Beenden des Sieger-Prinzips und der Übergang zum Eltern-Prinzip. Das macht die Sophikratie aus. Es werden alle Wünsche und Meinung anteilig berücksichtigt und auf diese Weise ein Kooperationssystem aufgebaut – primär in der Politik und sekundär auch in der Wirtschaft. Das Prinzip der Selbsterhaltung und des weitsichtigen Egoismus bestimmt das Handeln. … Ja – das ist das Grundprinzip.“

Jungfrau: „Recht knapp zusammengefasst … aber, ja – das ist das Grundprinzip.“

Ich: „Gut, dann weiß ich jetzt auch, wie die Sophikratie in technischer Hinsicht umgesetzt werden kann.“

Jungfrau: „Nein … Du kennst nun die Grundprinzipien, aber Dir fehlt noch viel, um das umsetzen zu können.“

Ich: „Was fehlt mir da noch?“

Jungfrau: „Als nächstes musst Du die Zusammenhänge zwischen all den verschiedenen Prinzipien verstehen, die Du bisher schon gefunden hast.“

Ich: „Welche sind das? … Das Eltern-Prinzip des 'sowohl als auch', also die anteilige Berücksichtigung der Wünsche und Meinungen … weitsichtiger Egoismus … Sophikratie, also Handeln mit Weisheit … Einsicht … Kooperation … Koordination … Selbsterkenntnis und psychische Heilung … das Bild der Erde mit dem Kreis der Menschen ringsum sie … das warme Nest-Gefühl in der Menschheit … Vertrauen und Verantwortung …“

Jungfrau: „Und die Durchsichtigkeit der Finanzen und der Wirtschaft … die allmähliche Weiterentwicklung der Werte … der organische Aufbau der Bestimmungen, also 'UNO – Staat – Region – Ort – Individuum' … materielle und gesundheitliche Absicherung aller Menschen … alternative Heilweisen … Frieden auf Erden …“

Ich: „Das ist aber schon recht viel inzwischen …“

Jungfrau: „Ja – das sind 17 Elemente … und es gibt noch mehr. Deshalb ist es wichtig, dass Du die Zusammenhänge zwischen diesen Elementen verstehst, dass Du sie alle zusammen als lebendige Einheit erkennen und erleben kannst, denn sonst hast Du einen Berg voll Einzelheiten und kein organisches, lebendiges System, das leicht zu fassen ist.“

Ich: „Ja – diese zwanzig Elemente oder so sind ein bisschen zu viel, um sie gleichzeitig im Bewusstsein halten zu können.“

Jungfrau: „Da kann Dir die Waage weiterhelfen. Geh zu ihr rüber – sie wartet schon da drüben auf Dich.“

Ich: „Ja, gut … vielen Dank, Jungfrau!“

Jungfrau: „Bitte.“

7. Wodurch?

♎

Ich: „Hallo!“

Waage: „Herzlich willkommen!“

Ich: „Bist Du die Waage?“

Waage: „Ja … Was kann ich für Dich tun?“

Ich: „Ich suche nach einem Entwurf für ein kollektives Verhalten der Menschen, das auf weitsichtigem Egoismus beruht. Ich habe es 'Sophikratie' genannt.“

Waage: „Ah – 'Herrschaft der Weisheit' … Ja, ein sehr wünschenswertes Konzept …“

Ich: „Der Widder hat mir geholfen, meine Absicht auf den Punkt zu bringen; der Stier hat mir geholfen, die Nützlichkeit der Sophikratie deutlich zu machen, der Zwilling hat mir Wege zur Verbreitung gezeigt; der Krebs hat diese Gedanken zu einem Bild und zu einem Lebensgefühl weiterentwickelt; der Löwe hat mir die Notwendigkeit der Selbsterkenntnis gezeigt; und die Jungfrau hat mir konkrete Konzepte und Vorgehensweise erläutert. Und mir scheint, dass Du mir den nächsten Schritt zeigen kannst.“

Waage: „Ja – ich kann Wissenschaft zu Kunst machen und Wissen zu Lyrik.“

Ich: „Das klingt gut. Wie machst Du das?“

Waage: „Lass uns als erstes mal inhaltliche Reime machen.“

Ich: „Was ist das?“

Waage: „Das ist die älteste Reimform, die Du zum Beispiel bei den Ägyptern und den Sumerern, aber auch noch in den germanischen Zaubersprüchen finden kannst.“

Ich: „Und die hilft uns jetzt weiter?“

Waage: „Ja. Sag mir die Themen und ich mache Dir einen inhaltlichen Reim dazu.“

Ich: „Na, gut … ich kann mir das zwar noch nicht so ganz vorstellen … Also: Das Erste ist das Eltern-Prinzip, also das 'sowohl als auch', die anteilige Berücksichtigung der Wünsche und Meinungen …

Waage: „Eltern blicken auf das Gedeihen der ganzen Familie;

Eltern der Erde blicken auf das Gedeihen der ganzen Erde."

Ich: „ Das Zweite ist der weitsichtiger Egoismus."
Waage: „Eltern brauchen einen weitsichtigen Egoismus, um die Familie zu erhalten;
Eltern der Erde brauchen den weitsichtigen Egoismus, um die Erde zu erhalten."

Ich: „Das Dritte ist die Sophikratie, also das Handeln mit Weisheit."
Waage: „Wenn Eltern weise sind, gedeiht die Familie;
wenn die Eltern der Erde weise sind, gedeiht die Erde."

Ich: „Das Vierte ist die Einsicht."
Waage: „Eltern brauchen die Einsicht, um sinnvolle Entscheidungen für die Familie treffen zu können;
Eltern der Erde brauchen die Einsicht, um sinnvolle Entscheidungen für die Menschheit treffen zu können."

Ich: „Das Fünfte ist die Kooperation."
Waage: „Die Familie gedeiht am besten, wenn alle gemäß ihren Fähigkeiten Hand in Hand arbeiten;
die Menschheit gedeiht am besten, wenn alle gemäß ihren Fähigkeiten Hand in Hand arbeiten."

Ich: „Das Sechste ist die Koordination."
Waage: „Koordination bringt die Bedürfnisse und die Fähigkeiten in einer Familie auf sinnvolle Weise zusammen;
Koordination bringt die Notwendigkeiten und die Möglichkeiten auf der Erde auf sinnvolle Weise zusammen."

Ich: „Das Siebte ist die Selbsterkenntnis."
Waage: „Eine Familie von Menschen, die sich selber kennen, kann sich am besten

entfalten;

Eine Menschheit, in der sich alle selber kennen, kann sich am besten gegenseitig fördern."

Ich: „Das Achte ist die psychische Heilung."

Waage: „Die Heilung der psychischen Probleme eines Familienmitglieds ist eine große Erleichterung für die ganze Familie;

die Heilung der kollektiven Traumata der Menschheit oder eines Volkes ist eine Befreiung für alle Menschen auf der Erde."

Ich: „Das Neunte ist das Bild der Erde mit dem Kreis der Menschen ringsum sie."

Waage: „Die Familienmitglieder sitzen beim Mahl rings um den Tisch;

die Menschen leben gemeinsam überall auf der Erde."

Ich: „Das Zehnte ist das warme Nest-Gefühl in der Menschheit."

Waage: „Die Geborgenheit in der Familie lässt das kleine Kind gedeihen;

das Gefühl der Sicherheit auf der Erde hilft dem Einzelnen, sich frei zu entfalten."

Ich: „Das Elfte ist das Vertrauen."

Waage: „Vertrauen zueinander hält Einzelne als Familie zusammen;

Vertrauen zueinander macht die einzelnen Menschen zur Menschheit."

Ich: „Das Zwölfte ist die Verantwortung."

Waage: „Verantwortung gibt der Familie Beständigkeit;

Verantwortung sichert der Menschheit das Überleben."

Ich: „Das Dreizehnte ist die Durchsichtigkeit der Finanzen."

Waage: „Die Kenntnis des Einkommens ermöglicht die sinnvolle Verwendung des Geldes in der Familie;

die Kenntnis des Finanzströme ermöglicht die sinnvolle Lenkung des Kapitals in der Menschheit."

Ich: „Das Vierzehnte ist die Durchsichtigkeit der Wirtschaft."

Waage: „Wenn die Tätigkeiten in der Familie allen bekannt sind, können sie von allen verbessert werden und alle können zusammenwirken;
wenn die Produktion in der Volkswirtschaft allen bekannt ist, kann sie von allen verbessert werden und alle können zusammenwirken."

Ich: „Das Fünfzehnte ist die allmähliche Weiterentwicklung der Werte."

Waage: „Eine Familie braucht verlässliche Werte, die nur gemeinsam weiterentwickelt werden;
die Menschheit braucht das Leben erhaltende Werte, die nur gemeinsam weiterentwickelt werden."

Ich: „Das Sechzehnte ist der organische Aufbau der Bestimmungen, also 'UNO – Staat – Region – Ort – Individuum'."

Waage: „In der Familie wird eine organische Strukturierung gebraucht, um die Entscheidungen an den richtigen Stellen treffen zu können und um die verbindlichen Regeln und die persönliche Freiheit in einem sinnvollen Verhältnis miteinander zu halten;
in der Menschheit wird eine organische Strukturierung gebraucht, um die Entscheidungen an den sinnvollen Stellen zu treffen und um die verbindlichen Regeln und die persönliche Freiheit in einem sinnvollen Verhältnis zu halten."

Ich: „Das Siebzehnte ist die materielle Absicherung aller Menschen."

Waage: „Die Familie bricht auseinander, wenn nicht alle in etwa gleich viel haben;
in der Menschheit kommt es zu Aufständen, wenn Reich und Arm zu weit auseinander klaffen."

Ich: „Das Achtzehnte ist die gesundheitliche Absicherung aller Menschen."

Waage: „Die Familie sorgt gemeinsam für die, die krank sind;

die Menschheit sorgt gemeinsam für die, die krank sind.“

Ich: „Das Neunzehnte sind die alternative Heilweisen.“

Waage: „Die Familie kann auch alternative Heilweisen nutzen, die manchmal deutlich billiger und ebenfalls effektiv sind:

die Menschheit kann durch die alternativen Heilweisen oft Kosten sparen und trotzdem effektiv heilen.“

Ich: „Das Zwanzigste ist der Frieden auf Erden.“

Waage: „Streit zerstört auf Dauer jede Familie;

Krieg zerstört auf Dauer die Menschheit.“

Ich: „Das war zwar ein bisschen langatmig, aber es hat mir das Gleichnis zwischen den Eltern in einer Familie und dem Verhalten der Menschheit in einer Sophikratie als 'Eltern der Erde' tatsächlich noch einmal ein gutes Stück deutlicher gemacht.“

Waage: „Dann sind diese zwanzig Punkte für Dich jetzt ja schon etwas mehr zu einer Einheit geworden …“

Ich: „Ja … das stimmt … wobei ich die 'Lyrik des Wissens' noch nicht entdeckt habe.“

Waage: „Das ist das Gleichnis zwischen den Strukturen und Dynamiken in der Familie und in einer Sophikratie.“

Ich: „Das Gleichnis ist deutlich, ja …“

Waage: „Und Lyrik ist immer ein Gleichnis zwischen den Bestandteilen des Ganzen: Reime, Versmaß, gleichlange Strophen, gleiche Anzahl von Versen in einer Strophe …“

Ich: „So gesehen ist das natürlich eine 'Lyrik des Wissens', was Du mir da gerade gezeigt hast …“

Waage: „Gut. Jetzt sollten wir betrachten, in welcher Weise diese zwanzig Elemente sich gegenseitig beeinflussen. Da es da 20·20=400 Möglichkeiten gibt, werde ich nur ein paar dieser Möglichkeiten beschreiben.“

Ich: „Ja – das würde sonst wirklich zu lang werden …“

Waage: „Dieses Prinzip der Regelkreise, Fließgleichgewichte, Rückkopplungen usw. hat ja schon 1972 der 'Club of Rome' in dem Buch 'Die Grenzen des Wachstums' deutlich beschrieben. Dasselbe Verfahren kann man auch anwenden, um zu sehen, wie sich verschiedenen Verhaltensweisen – also die zwanzig Elemente – sich gegenseitig stabilisieren und tragen."

Ich: „Das leuchtet mir ein …"

Waage: „Dann fange ich mal mit der Beschreibung von einigen dieser Wechselwirkungen an."

Ich: „Ich bin gespannt."

Waage: „Weitsichtiger Egoismus steigert die Effektivität in der Produktion.

Eine effektivere Produktion verringert die Arbeitszeit der Einzelnen.

Mehr Freizeit ermöglicht mehr Zeit für psychische Heilung.

Psychische Heilung klärt die tatsächlichen Bedürfnisse.

Weniger Bedürfnisse verringern die benötigte Produktion.

Weniger Produktion ermöglicht das Leben einer größeren Zahl von Menschen auf der Erde.

Eine größere Zahl von Menschen auf der Erde verkürzt die Phase der 1-Kind-Familie, die die Bevölkerung auf der Erde wieder schrumpfen lässt.

Eine kürzere Phase der 1-Kind-Familie führt schneller zu einem stabilen Zustand auf der Erde.

Ein stabiler Zustand auf der Erde erleichtert die Bewahrung des Friedens.

Die Bewahrung des Friedens reduziert die Waffenproduktion.

Die Reduzierung der Waffenproduktion setzt Arbeitskräfte frei.

Die freigesetzten Arbeitskräfte können nachwachsende Rohstoffe erforschen.

Die Verwendung neuer nachwachsender Rohstoffe macht die Produktion flexibler.

Eine flexiblere Produktion fördert das Vertrauen in die Menschheit.

Das Vertrauen in die Menschheit bringt uns dem Erde/Menschenkreis-Bild näher.

Die Annäherung an das Erde/Menschenkreis-Bild erschafft das warme Nest-Gefühl.

Das warme Nest-Gefühl fördert die Selbsterkenntnis.

Die Selbsterkenntnis fördert die Ausrichtung auf die eigentlichen Bedürfnisse.

Die Ausrichtung auf die eigentlichen Bedürfnisse reduziert die Arbeitszeit.

Die reduzierte Arbeitszeit ermöglicht die Erforschung alternativer Heilweisen.

Die alternativen Heilweisen erleichtern die Gesundheits-Versorgung der Menschen.

Die einfachere Gesundheitsversorgung der Menschen ermöglicht ein längeres Leben.

Ein längeres Leben ermöglicht die Entwicklung von mehr Weisheit.

Mehr Weisheit ermöglicht mehr Einsicht.

Mehr Einsicht ermöglicht mehr Kooperation.

Mehr Kooperation ermöglicht mehr Koordination.

Mehr Koordination macht das Tragen von Verantwortung einfacher.

Mehr Verantwortung fördert die Sophikratie – das Handeln in Weisheit.

Mehr Weisheit ermöglicht das Handeln nach dem Eltern-Prinzip, das immer alle berücksichtigt.

Das Eltern-Prinzip entwickelt die Werte allmählich weiter.

Die allmähliche Weiterentwicklung der Werte führt zu einer organischen Strukturierung der Menschheit.

Die organische Strukturierung der Menschheit führt zu dem Gemeinschaftsgefühl.

Das Gemeinschaftsgefühl fühlt zu einer Durchsichtigkeit der Finanzen.

Die Durchsichtigkeit der Finanzen führt zu einer Durchsichtigkeit der Wirtschaft.

Die Durchsichtigkeit der Wirtschaft führt zu einem effektiveren Wirtschaften.

Das effektivere Wirtschaften führt zu einer besseren materiellen Absicherung.

Das ließe sich jetzt noch lange fortführen, aber es müssen ja nicht alle einzelnen Zusammenhänge beschrieben werden – man muss nur ein Gefühl für das System bekommen, für seine Grundqualität, für seine Grundhaltung – und man muss dann die einzelnen Elemente immer vor diesem Hintergrund sehen können."

Ich: „Ja – das Gefühl für das System ist deutlicher geworden – und auch die Art der Orientierung und die Art, Entscheidungen zu treffen. Aber gibt es nicht trotzdem so etwas wie zentrale Punkte, also Elemente, die besonders wichtig sind, die großen Einfluss haben, die von vielem beeinflusst werden und die ihrerseits wieder vieles beeinflussen."

Waage: „Diese Punkte gibt es. Es sind nicht alle Elemente gleich wichtig, auch wenn sie alle ein notwendiger Teil des Ganzen sind und nicht vernachlässigt werden dürfen."

Ich: „So wie der Motor ein zentraler Teil des Autos ist, aber z.B. auch der Scheibenwischer nicht vergessen werden darf?"

Waage: „Ja, so in der Art."

Ich: „Welche Elemente sind denn dann die zentralen Elemente?"

Waage: „Vermutlich wird da jeder andere Elemente für zentral halten. Ich selber würde sagen, dass die zentralen Elemente die Aufhebung der Überbevölkerung sind, der Frieden, die Selbsterkenntnis, die Koordination und das Eltern-Prinzip."

Ich: „Die wichtigste Orientierung ist wohl wirklich das Gleichnis zwischen dem Übergang vom Materialismus zu der Epoche der Globalisierung, also zur Sophikratie, und dem Übergang vom Jugendlichen zum Erwachsenen, also zum Vater bzw. zur Mutter, die eine Familie gründen. Das, was man da individuell leisten muss, wenn man erwachsen wird, müssen wir heute auch kollektiv lernen, um zu einer Sophikratie zu gelangen."

Waage: „Das sehe ich auch so – deshalb das ausführliche Gleichnis zwischen Eltern und Menschheit bei den zwanzig Elementen."

Ich: „Ja … ich vermute, dass wir nun mit der Betrachtung fertig sind?"

Waage: „Ja."

Ich: „Vielen Dank! Es wird tatsächlich jedes Mal noch ein Stück klarer, wenn ich mit einem von euch Tierkreiszeichen rede."

Waage: „Das freut mich. Auf Wiedersehen!"

Ich: „Auf Wiedersehen."

8. Warum?

♏

Ich: „Hallo! Wer bist Du?“

Skorpion: „Der Skorpion. Was willst Du?“

Ich: „Ich suche nach einer Form für die Menschen, wie sie als Gemeinschaft wie Erwachsene leben können.“

Skorpion: „Da kannst Du lange suchen! Menschen sind bestenfalls wie Pubertierende, schlimmstenfalls wie wilde Tiere. Gib's auf.“

Ich: „Ehm … Sollte man es nicht wenigstens versuchen?“

Skorpion: „Wenn Dir nichts Besseres einfällt, was Du mit Deiner Zeit machen kannst … Hast Du jemals erlebt, dass sich Menschen aus Einsicht bewegen? Das gibt's nicht! Die Menschen bewegen sich kollektiv nur, wenn es wirklich sehr eng wird wie damals, als Karl Marx das Leid der Arbeiter zu beenden versprochen hat, oder wenn es ihnen jemand befiehlt wie damals in China, das die 1-Kind-Familie befohlen hat. … Aber Menschen und Einsicht? Vergiss es!“

Ich: „Es gibt natürlich immer welche, die nicht weitsichtig sind, die auf eine plumpe Weise egoistisch sind, die Macht suchen, die das System verändern wollen – ja, aber das sollte die anderen doch nicht davon abhalten, trotzdem das Richtige, also das Sinnvolle zu tun!“

Skorpion: „Du redest da so, als ob es ganz viele Weise und nur ein paar Spinner gäbe! Das ist ein vollkommen unbegründeter Optimismus! Schau Dich doch mal um! Kriege! Klimaerwärmung! Rohstoffverschwendung! Tausende Tonnen an Plastik im Meer! Und Du willst auf die Weisheit der Menschen bauen? Glaubst Du im Ernst, dass das funktioniert? Bist Du wirklich so naïv?“

Ich: „Bleibt uns denn was anderes übrig, als etwas zu finden, das funktioniert? Ich gebe nicht kampflos auf.“

Skorpion: „Zu kämpfen ist schon richtig – schon, um sich selber durchzusetzen. Aber Hoffnung? Das ist Kinderkram!“

Ich: „Ja – Hoffnung ist Kinderkram … aber anders als Du das gemeint hast. Ich hoffe für meine Kinder. Ich will, dass sie auf einer Erde leben, auf der man noch leben kann, die nicht zu einer wasserlosen Wüste geworden ist, auf der es noch Tiere und Pflanzen gibt … Ich will, dass meine Kinder glücklich leben!“

Skorpion: „Ja … kämpfen, auch wenn es aussichtslos ist … So wie Albert Camus das über Tantalus erzählt … Was können wir tun als kämpfen und uns selber treu sein, auch wenn es vollkommen aussichtslos ist, Erfolg zu haben?“

Ich: „Ja – uns bleibt ja gar nichts anders übrig als optimistisch zu sein.“

Skorpion: „Ich habe doch gerade gesagt, dass es keine Chance auf Erfolg gibt! Optimismus ist unrealistisch! Pessimismus ist die einzige realistische Haltung.“

Ich: „Nein! Auch wenn es aussichtslos scheint, muss man optimistisch bleiben!“

Skorpion: „Und warum, wenn ich fragen darf? Damit es nach der Niederlage noch ein bisschen mehr weh tut?“

Ich: „Natürlich nicht! Aber das, worauf man ausgerichtet ist, ist auch das, was man anzieht, herbeiruft, erschafft. Die ganze Geistheilung, die ganze Magie, die ganzen Wunder der Heiligen und Sufis und Yogis und Schamanen funktionieren so! Du richtest Dich auf das aus, was Du willst, Du imaginierst es, Du malst es Dir aus, Du spürst das Gefühl, das entstehen wird, wenn Du das Ziel erreicht hast, Du wirst völlig einsgerichtet auf das, was Du erreichen willst! Dann hast Du die Kraft, wirklich etwas zu verändern!“

Skorpion: „Das ist natürlich wahr, wenn man es von der Seite der Lebenskraft, von der Seite des Bewusstseins aus betrachtet … Aber auf was willst Du Dich da ausrichten?“

Ich: „Auf ein erwachsenes Verhalten der Menschheit, auf ihre Einsicht, auf sinnvolles Handeln.“

Skorpion: „Das wird niemals funktionieren – auch nicht, wenn Du darauf einsgerichtet bist! Die Menschen bewegen sich nur durch Gefühle!“

Ich: „Aber da gibt es doch Gefühle! Es geht doch letztlich nur um den weitsichtigen Egoismus! Und die Menschen wollen viel: leben, genießen, Sex, Urlaub, Kinder, ein Haus, leckeres Essen … Und wenn sie sehen, dass das nur noch realistisch ist, wenn sie aufhören, nur kurzfristig zu denken oder bestenfalls auch mal mittelfristig – wenn sie sehen, dass sie durch ein langfristiges Denken zum Ziel kommen können, dann werden sie sich das auch angewöhnen.“

Skorpion: „Und wie sollen sie das lernen? Willst Du von Haustür zu Haustür gehen und das allen erklären?“

Ich: „Natürlich nicht. Das muss in den Schulen gelehrt werden: Zusammenhänge, Konsequenzen, Rückkopplungen, Regelkreise, Grenzwerte … all diese Dinge.“

Skorpion: „Schule! Als wenn man da in diesem Dressurverein etwas lernen könnte!“

Ich: „Ja, gut … die Schulen sind noch nicht so ganz das, was sie sein könnte … Und die Horte der Weisheit sind sie auch nicht unbedingt … Aber es gibt doch durchaus engagierte Lehrer!"

Skorpion: „Und was können die bewirken? Nichts!"

Ich: „Nicht viel – ja. Aber nichts? Das stimmt auch nicht. Aber so lange die Schulen nur eine Vorbereitung auf den Konkurrenzkampf im Beruf sind … so lange wird es da mit der Weisheit nicht weit her sein …"

Skorpion: „Da sind wir mal einer Meinung."

Ich: „Aber wenn man das ändern könnte, wenn Schulen vor allem der Förderung der Schüler dienen würde? Wenn ihnen nicht nur Wissen vermittelt würde, sondern wenn sie angeregt werden würden, Fragen zu stellen? Dann könnten sie Weisheit finden und Einsicht und auch den Vorteil eines weitsichtigen Egoismus erkennen."

Skorpion: „Wenn, wenn, wenn! Aber so was haben wir nicht! Nirgendwo! Selbst in so gut wie allen Weisheits-Schulen, Meditations-Schulen, Religions-Schulen, Magier-Orden, Yogi-Ashrams ist davon nur selten etwas zu finden."

Ich: „Ja … wahrscheinlich … Aber wie sollen wir weiterkommen, wenn wir nicht ein Bild von dem entwerfen, was wir wollen? Wir sollen wir nach etwas streben können, wenn wir das Ziel nicht kennen? Wie sollen wir es umsetzen können, wenn wir nicht schon halbwegs klare Vorstellungen davon haben, wie es funktionieren könnte?"

Skorpion: „Du bist einfach viel zu optimistisch!"

Ich: „Nein, das ist kein naïver Optimismus. Nenn es von mir aus Zweck-Optimismus, Wünsche an das Universum, Magie, Gebet oder sonst etwas in der Art. Ich sehe die Widerstände, die Hindernisse, die Trägheit der Menschen, die Kurzsichtigkeit der Menschen, den fast blinden Egoismus – ja, die sehe ich. Die sind leider weit verbreitet. Aber muss ich da deshalb mitmachen? Nein! Ich verhalte mich so, dass ich das fördere, was ich erreichen will! Ich verhalte mich so, wie es mir richtig erscheint! Ich verhalte mich so, dass ich meinem Ziel näher komme!"

Skorpion: „Das ist Kants kategorischer Imperativ: Verhalte Dich stets so, dass Du ein Vorbild für alle sein könntest. … Aber glaubst Du wirklich, dass das was bringt?"

Ich: „Soll ich die Richtung laufen, die dahin führt, wo ich nicht hin will?"

Skorpion: „Auch wieder wahr … Aber das macht die Erfolgschancen auch nicht größer."

Ich: „Aber auch nicht kleiner – und eine Rest-Chance auf Erfolg besteht immer, solange wir nicht alle tot sind."

Skorpion: „Und wie soll das Ganze funktionieren?"

Ich: „Das ist ein komplexes System mit vielen Elementen …“

Skorpion: „Verschone mich mit den Einzelheiten! Erzähl mir, was die Kraft dahinter ist, was die Motivation ist, was der Hebel ist, mit dem Du unser derzeitiges System aus den Fugen heben willst. Das ist das Wichtige!“

Ich: „Die Kraft und die Motivation ist das Überleben-wollen und das Leben-wollen. Und ich hoffe, dass die Menschen das noch früh genug erkennen, um die völlige Katastrophe zu vermeiden!“

Skorpion: „Das ist nichts als unbegründeter Optimismus!“

Ich: „Sie fangen ja schon an, es zu sehen.“

Skorpion: „Sehen? Ja. Etwas tun? Nein.“

Ich: „Nein stimmt auch nicht – sie tun viel zu wenig, aber angefangen haben sie ja schon.“

Skorpion: „Aber das reicht nicht!“

Ich: „Da stimme ich Dir zu. Und der Hebel ist Kooperation.“

Skorpion: „Was soll das heißen?“

Ich: „In unser Politik und unserer Wirtschaft geht es immer um Kampf und um Sieg oder Niederlage: bei Wahlen und im Wettbewerb im Verkauf. Und auch zwischen Arbeitgebern und Arbeitnehmern gibt es diesen Kampf und auch zwischen Vermietern und Mietern.“

Skorpion: „Das ist die natürliche Ordnung der Dinge. Die Selektion – nur die Stärksten überleben.“

Ich: „Nein – nicht die Stärksten, sondern die, die am besten an die Lebensumstände angepasst sind. So hat es Darwin formuliert. Das mit den 'Stärksten' stammt von Diktatoren, die damit ihren Imperialismus rechtfertigen wollten.“

Skorpion: „Ja, gut … aber egal, wie Du's formulierst, bleibt es dabei, dass der Stärkere siegt.“

Ich: „Nein! Eben nicht! Diejenigen werden siegen, die am sinnvollsten handeln!“

Skorpion: „Gut … das kann man so sagen. Das ist allgemeiner formuliert … und das lässt auch Platz für erfolgreiche Listen …“

Ich: „Das meine ich nicht! Ich meine Einsicht in die eigene Lage, in die kollektive Lage! Man kann Menschen durchaus dazu bringen, etwas Sinnvolles zu tun, wenn man es ihnen auf die richtige Weise erklärt! Wenn sie die Konsequenzen ihres Handelns sehen können!“

Skorpion: „Ja … Einsicht soll schon mal vorgekommen sein … Sonst gäbe es dieses

Wort ja auch gar nicht … Aber baust Du da nicht auf Sand?“

Ich: „Ich baue auf unser kollektives Überleben, auf das Erhalten des Lebens auf der Erde … Kann es ein festeres Fundament für eine Motivation geben?“

Skorpion: „Wenn Du das so herum drehst … dann stimmt das natürlich …“

Ich: „Ich suche doch nicht den einfachen Weg! Ich suche den besten Weg zu unserer kollektiven Weiterentwicklung! Und ich suche auch nicht etwas, das schon da ist, ich versuche etwas zu erschaffen! Die Einsicht in unsere Lage habe ich und die Motivation habe ich auch. Und jetzt brauche ich ein Bild, konkrete Vorschläge, einen Gesamtentwurf, die Prüfung, ob das alles so Sinn macht, was ich mir da vorstelle … Verstehst Du? Ich will etwas erschaffen, die Lage verbessern … Und das will ich nicht allein, sondern zusammen mit anderen. Ich will einfach nur meinen Teil zu dieser Entwicklung beisteuern, die ich alleine niemals bewältigen könnte.“

Skorpion: „Du bist wirklich ein unverbesserlicher Optimist …“

Ich: „Nein – ich bin nur mir selber treu und gehe in die Richtung, die mir sinnvoll erscheint … ganz egal, was da an Hindernissen vor mir liegt …“

Skorpion: „Das klingt jetzt aber sehr skorpionisch … und ich dachte, ich bin hier der Skorpion …“

Ich: „Der bist Du auch … und dafür bin ich Dir auch dankbar. Denn ohne Deine Kritik könnte ich niemals so fühlen, so denken, so reden wie jetzt gerade …“

Skorpion: „Dann habe ich Dir also geholfen dadurch, dass ich mich Dir in den Weg gestellt und Dich kritisiert habe …“

Ich: „Ja.“

Skorpion: „Du hast mich als also in die Rolle des Advocatus diavoli gedrängt …“

Ich: „Nein, das habe ich nicht … Du bist, wer Du bist, und deshalb ist unser Gespräch so verlaufen, wie es verlaufen ist.“

Skorpion: „Du hast eine freundliche Art, die Dinge darzustellen.“

Ich: „Hm … mag sein … Auf jeden Fall vielen Dank für Deine Hilfe.“

Skorpion: „Nun, wenn das eine Hilfe für Dich gewesen ist, soll's mir recht sein. Dann einen guten Weg!“

Ich: „Danke. Dir auch.“

9. Wohin?

♐

Ich: „Hallo!"

Schütze: „Hi! Ich habe gesehen, dass Du beim Skorpion gewesen bist und dass Du schließlich weitergegangen bist. Du musst also ein Projekt haben, dass schon recht weit gediehen ist."

Ich: „Ist das so? Das war mir nicht so recht deutlich … Du weißt, was ich vorhabe?"

Schütze: „Ich Kreis der Tierkreiszeichen gibt es keine Geheimnisse – alles schwingt gemeinsam."

Ich: „Tja … das ist in etwa das, was ich suche: Kooperation."

Schütze: „Das ist noch etwas anderes – aber es ist das Passende für die Menschen zu Beginn der Epoche der Globalisierung."

Ich: „Kannst Du mir dabei helfen?"

Schütze: „Bei Deinem Projekt? Sicher. Ich bin Fachmann für Werbung, Marketing und Projektgestaltung."

Ich: „Das klingt aber sehr danach, als ob ich etwas verkaufen wollte."

Schütze: „Dann siehst Du diese Begriffe ein wenig zu eng."

Ich: „Erklär mal."

Schütze: „Wenn Du eine gute Idee hast und niemand außer Dir kennt sie, was geschieht dann?"

Ich: „Hm … sehr wenig … fast nichts …"

Schütze: „Genau. Du musst alles – und sei es noch so gut – auch bekannt machen, damit es eine Wirkung bekommt. Du musst andere für Deine Idee begeistern. Oder jemanden für Deine Idee begeistern, der andere für Deine Idee begeistern kann."

Ich: „Begeisterung klingt schon besser als Werbung. Das ist eine Form der Überzeugung, der sachlichen Information und Auseinandersetzung, die dazu führt, dass jemand ein Ziel als so erstrebenswert ansieht, dass er sich in Bewegung setzt und etwas dafür tut, dass dieses Ziel auch erreicht wird."

Schütze: „Ja, so ist es. Du musst das Ziel deutlich machen und Du musst den Weg dorthin deutlich machen und Du musst zeigen, dass das Ziel erreichbar ist. Diese drei Dinge sind nötig, damit jemand zu handeln beginnt. Natürlich vorausgesetzt, das dieser jemand das Ziel in ausreichendem Maße erstrebenswert findet. Und Du musst selber den ersten Schritt tun – egal wie groß oder klein dieser Schritt ist.“

Ich: „Hm … ich versuche das mal mit anderen Worten auszudrücken, um zu sehen ob wir dasselbe meinen.“

Schütze: „Mach mal.“

Ich: „Ich tue nur etwas, wenn mir ein Leid zu groß wird oder wenn die Aussicht auf eine mögliche Lust groß genug wird. Dann darf ich beides auch nicht verdrängen, sondern muss sehen, dass ich leide, dass ich Lust gewinnen könnte. Als drittes muss ich das Vertrauen haben, dass das Ziel erreichbar ist. Und als viertes muss ich einen der Schritt machen, von denen ich sehen kann, dass sie in die richtige Richtung führen – und danach den zweiten Schritt machen, den ich dann sehen kann. Und zusätzlich sollte ich mir immer wieder diese Folge, diesen inneren Aufbau deutlich machen.“

Schütze: „Ja, das ist dasselbe, was ich gesagt habe. Wobei Du, wenn Du andere begeistern willst, einen möglichen Weg zumindest skizzenhaft zeigen können solltest, da Du sonst nur wenige für Dein Projekt begeistern wirst. Es sind nicht alle so mutig, dass sie einen Weg zu einem Ziel einschlagen, wenn sie nicht einigermaßen deutlich sehen, was ihnen auf diesem Weg alles begegnen wird.“

Ich: „Ja – das wäre hilfreich … nicht nur eine Vision zu haben, sondern auch einen Weg zu diesem Ziel anbieten zu können.“

Schütze: „Und? Was ist Dein Weg?“

Ich: „Ehm … ich weiß nicht, ob das mein Anteil an dem Ganzen ist … Ich bin eher der, der eine Vision entwirft und ihre innere Struktur und ihre Funktionsweise ergründet und beschreibt.“

Schütze: „Versuch's mal.“

Ich: „Ja, gut … als erstes brauche ich andere Menschen mit anderen Fähigkeiten – also Menschen, die ähnliche Ziele, aber andere Fähigkeiten haben und die mitmachen wollen bzw. bei denen ich mitmachen kann.“

Schütze: „Also Kooperation. Das ist schon mal ein guter Anfang. Und weiter?“

Ich: „Wahrscheinlich bekommt das Projekt dann eine Eigendynamik, die nicht mehr nur von mir abhängt.“

Schütze: „Vermutlich. Aber was ist als nächstes notwendig?“

Ich: „Die Vision sollte ergänzt, ausgebaut, präzisiert, verfeinert werden …“

Schütze: „Das ist gut, aber das reicht noch nicht."

Ich: „Es braucht ein einprägsames Bild, knackige Begriffe … und, ja, auch eine schlichte Beschreibung des vorgeschlagenen Weges, den jeder sofort erfassen kann."

Schütze: „Gut. Und wie klingt dieser Satz, der den Weg beschreibt?"

Ich: „Tja … das, was mir bisher eingefallen ist, klingt alles noch bisschen unausgegoren und platt …"

Schütze: „Sag's trotzdem mal. Wir schauen dann weiter."

Ich: „Ehm … ja, gut … Also:

'Ökos aller Länder, vereinigt euch!' … Na, ja – sehr platt und außerdem von Marx und Engels geklaut …

'Sophikratie für Gaia!' … Das sind zu viele Fremdworte, das versteht niemand …

'Kinder der Erde! Werdet zu Eltern der Erde!' … Ich weiß, das sind zwar keine Fremdworte, aber verstehen kann man das auch nur mit einer Erläuterung …"

Schütze: „Das schätzt Du richtig ein. Offensichtlich bist Du Dir über den Weg noch nicht klar genug. Wo willst Du anfangen?"

Ich: „Damit, diese Idee durch Bücher bekannter zu machen."

Schütze: „Das ist hilfreich, aber das setzt noch keine Bewegung in Gang."

Ich: „Ja … ich weiß … Also der Weg … was kann das sein? … Wir tun etwas für unsere Zukunft, für die Zukunft unserer Kinder … da fällt mir ein alter Öko-Spruch ein: 'Wir haben die Erde nur von unseren Kindern geborgt.'"

Schütze: „Der beschreibt die Ausrichtung, die Motivation: Wir wollen, dass auch unsere Kinder noch eine bewohnbare Erde haben. Aber das beschreibt noch nicht den Weg."

Ich: „Ja … Die Motivation ist die Einsicht, dass wir die Erde unbewohnbar machen, wenn wir einfach so weitermachen wie bisher. Wir müssen also etwas anders machen … darum geht es ja bei diesem ganzen Projekt … Aber Du fragst nach dem konkreten Weg. Der ist letztlich immer die Kooperation – in allen Bereichen."

Schütze: „Also muss der Weg als Kooperation beschrieben werden."

Ich: „Aber 'Kooperation statt Konkurrenz' ist auch noch nicht besonders leicht verständlich und daher auch nicht sonderlich griffig …"

Schütze: „Aber Du näherst Dich einer Beschreibung des Weges an. Mach mal weiter."

Ich: „Hm … Ich glaube, ich muss mir erst noch mal etwas anders klarmachen. Ich bin ja nicht alleine mit dem Projekt – da sind ja noch viele andere, die dieselben Ziele verfolgen. Sie haben andere Ansätze und andere Vorgehensweisen, aber dieselben Ziele. Es gibt viele, die nach Kooperation und nach einer friedlichen Welt mit einem intakten Öko-System streben.

Da sind die Grünen und ihre Wähler, da ist die UNO, Greenpeace, Fridays for Future, die Letzte Generation, die SHA-NGO und viele andere NGOs, da sind teilweise auch einige Vertreter der Religionen wie z.B. der Dalai Lama, da ist auch das Rote Kreuz, Ärzte ohne Grenzen, die EU … Das sind eigentlich ziemlich viele Menschen, die auch tatsächlich was tun – jeder auf seine Art und in seinem Bereich … Die sind nicht alle bei Greenpeace oder beim Roten Kreuz oder beim Dalai Lama im Tibetischen Buddhismus … aber sie streben alle in dieselbe Richtung … das fördert sich gegenseitig."

Schütze: „Du fängst endlich an, zielgerichtet zu denken wie ein Projektplaner! … Und weiter?"

Ich: „Ich muss also den Weg zu dem Teil dieses Gesamtzieles deutlich machen, zu dem ich etwas beisteuern möchte – und hoffentlich beisteuern kann."

Schütze: „Ja. Diese Klarheit ist notwendig, um einen klaren Satz zu finden, der den von Dir vorgeschlagenen Weg deutlich macht."

Ich: „Puh! Es ist wirklich einfacher, mit platten Sprüchen auf den Gefühlen der Menschen Klavier zu spielen als eine Notwendigkeit, einen Inhalt und einen Weg klar und leicht verständlich zu formulieren.

Ich meine solche Sprüche wie 'Ausländer raus!' oder 'Freie Fahrt für freie Bürger!' Kurzsichtiger kann man gar nicht mehr argumentieren – falls man das überhaupt noch 'argumentieren' nennen kann. Solche Sprüche grenzen ja schon an Propaganda …"

Schütze: „Dann mach's besser. Was schlägst Du vor?"

Ich: „Hm … 'Kooperation statt Konkurrenz' war ja inhaltlich schon mal ganz gut, aber eben nicht griffig genug … Und es muss die Zukunft unserer Kinder mit in dem Spruch sein … Aber 'Wir haben die Erde nur von unseren Kindern geborgt' reicht noch nicht, weil da kein Weg, sondern nur die Notwendigkeit eines Weges beschrieben ist."

Schütze: „So allmählich bekommt das Kontur, was Du sagen willst, Du kreist es ein, Du sammelst die Bausteine … Mach weiter."

Ich: „Hm … 'Durch Kooperation die Zukunft unserer Kinder sichern' … Nein – zwar richtig, aber zu unverständlich …

'Gemeinsam die Zukunft unserer Kinder sichern' … da fehlt der Weg – das 'gemeinsam' zeigt das nicht deutlich genug …

'Helft einander – dann wird die Welt besser werden!' … na, ja … das geht in die richtige Richtung …

Was macht denn die Kooperation? Sie beendet den Kampf und das Gegeneinander, das Streben nach Sieg … Also: 'Wollt ihr der Beste sein oder wollt ihr gemeinsam das Gute für alle erreichen?' … Schon besser, aber auch noch nicht gut …

Hilf mir doch noch mal!“

Schütze: „Welche Begriffe müssen in dem Spruch, der den Weg beschreibt, stehen?“

Ich: „Welche Begriffe … nun: Kinder, Kooperation, gute Zukunft … Ja, das wären die drei Begriffe – oder andere Begriffe mit ähnlichem Inhalt …“

Schütze: „Dann mach jetzt einen Satz daraus.“

Ich: „Na, gut … ehm … 'Durch Kooperation zu einer guten Zukunft für unsere Kinder' … Klingt ein bisschen nüchtern – wie eine Aufbau-Anleitung von IKEA für einen Schrank … Damit haut man niemanden vom Hocker …“

Schütze: „Nein, tut man nicht. Aber Du hast jetzt einen kurzen Satz – und die meisten schaffen es auch ohne viel Nachdenken, drei Begriffe assoziativ miteinander zu kombinieren. Und das ist es, worauf es ankommt: Du hörst den Satz oder liest ihn und hast sofort eine Vorstellung, ein Bild in Deinem Kopf. Wenn dieser Satz dann noch in Kombination mit einem Bild wie Deinem Vorschlag von dem Foto der Erde mit dem Kreis von Menschen ringsum, die sich an den Händen halten, steht, dann ist die Botschaft klar.

Also versuch mal, dieses Satz etwas peppiger zu gestalten.“

Ich: „Gut – ich versuch's mal … Was war doch gleich der Satz? … Ach, ja: 'Durch Kooperation zu einer guten Zukunft für unsere Kinder.' … Wie kann ich den abändern? …

Hm – 'Solidarität' statt 'Kooperation'? Ist nicht ganz das Gleiche und viel deutlicher ist es auch nicht …

An 'Zukunft' und 'Kinder' kann ich ja eigentlich nicht viel ändern …

'Zusammenarbeit' statt 'Kooperation' macht's auch nicht besser …

Und wenn ich das 'durch Kooperation' durch was anderes ersetze? Vielleicht durch 'Hände reichen' oder so was in der Art? Was wird denn dann daraus? … 'Laßt uns die Hände reichen für die Zukunft unserer Kinder!' … hm …

Oder: 'Reicht euch die Hände für die Zukunft eurer Kinder!' … Nein, das klingt zu oberlehrerhaft – so als würde ich die anderen auffordern, das zu tun, was ich für richtig halte … das geht gar nicht …

'Laßt uns für die Zukunft unserer Kinder zusammenarbeiten!' … Hm – das Wort 'Arbeit' ruft bestimmt bei niemandem Begeisterung hervor …“

Schütze: „Wie haben die das denn bei dem platten, aber einprägsamen Spruch 'Freie Fahrt für freie Bürger' gemacht?"

Ich: „Wie die das angegangen sind?"

Schütze: „Ja."

Ich: „Hm … der Satz ist kurz … da werden 'Freie Fahrt' und 'freie Bürger' gleichgesetzt. Da alle frei sein wollen, wird hier suggeriert, dass alle, die frei sein wollen, auch kein Tempolimit auf Autobahnen haben wollen. Und es wird suggeriert, dass die, die nicht die freie Fahrt wollen, auch nicht frei sein wollen. Und es stehen nur positive Begriffe in dem Satz – also nicht das Wort 'Geschwindigkeitsbegrenzung' oder 'Verbot' oder dergleichen … Und der Satz ist ein Stabreim – drei Worte beginnen mit 'f' – und Stabreime lassen alles überzeugender klingen als es ohne diesen Stabreim wäre … Und wirksame Stabreime brauchen mindestens dreimal denselben Anfangsbuchstaben wie hier das 'f' … Und der Satz ist eine Forderung, ein Kampfschrei, eine Aufforderung, der viele nur zu gern nachkommen werden …"

Schütze: „Du siehst, dass dieser Slogan geschickt konstruiert worden ist … mach das doch auch mal auf diese oder ähnliche Weise."

Ich: „Puh! … Ich versuch's mal … Inhaltlich war ich bei 'Lasst uns die Hände reichen für die Zukunft unserer Kinder!' angekommen … Hm …

„Gemeinsam für die Zukunft unserer Kinder!' … Oder vielleicht 'Zusammen für die Zukunft unserer Kinder!' … Das könnte sich auch auf die Gründung einer selbstverwalteten Schulinitiative beziehen … Und das sagt eigentlich nicht viel mehr aus als 'Wir haben die Erde nur von unseren Kindern geborgt' …"

Schütze: „Gib nicht auf! Such weiter!"

Ich: „Ja, gut … 'Miteinander statt gegeneinander – so schaffen wir unsere Zukunft!' … Das ist noch ein bisschen blass …

'Miteinander statt gegeneinander für die Zukunft unserer Kinder.' … Das gefällt mir bisher noch am besten …"

Schütze: „Und was fehlt Dir da noch?

Ich: „Man sieht nicht, dass sich das auch auf Politik und Wirtschaft bezieht, auf eine Sophikratie und eine Kooperations-Wirtschaftsform."

Schütze: „Das passt auch unmöglich alles in einen einzigen Satz."

Ich: „Die Autofahrer-Freiheits-Lobby hat's doch auch geschafft!"

Schütze: „Die hatten's auch einfach. Die waren lediglich gegen Geschwindigkeitsbegrenzungen – das ist ein schlichtes, einfaches Ziel. Du dagegen versuchst ein neues Gesellschaftssystem bekannt zu machen. Das ist weitaus schwieriger. Ich finde, Du kannst den Satz 'Miteinander statt gegeneinander für die Zukunft unserer Kinder.' durchaus benutzen. Wer sich dadurch angesprochen fühlt, wird dann schon nach den Details nachfragen."

Ich: „Das werden aber nur die sein, die schon über solche Dinge nach gedacht haben."

Schütze: „Natürlich werden das die sein – und andere wirst Du zunächst mal auch nicht erreichen. Das kommt dann später dran. Zunächst geht es mal darum, die zu finden, die etwas Ähnliches anstreben wie Du. Dann könnt ihr schauen, in welcher Form ihr euch gegenseitig in euren jeweiligen Bestrebungen unterstützen könnt."

Ich: „Ja, das ist wohl wahr … Eine Art Verankerung wäre noch gut …"

Schütze: „Was meinst Du damit?"

Ich: „Einen Anschluss an eine Gruppe oder Ähnliches, die schon in diese Richtung streben – da können sich diese Ideen leichter verbreiten und weiterentwickelt werden. Ich glaube ja nicht, dass ich schon die Lösung habe – ich versuche sie nur zu erkennen und sie so gut ich kann zu beschreiben."

Schütze: „Da bist Du aber recht bescheiden."

Ich: „Realistisch."

Schütze: „Nun, gut, wenn Du das meinst … Aber für den Realismus ist der Steinbock zuständig. Da musst Du jetzt wieder eins weiterwandern und Dich mal mit dem Steinbock unterhalten."

Ich: „Ja, gut. Vielen Dank für Deine Hilfe!"

Schütze: „Bitte – ich solchen Projekten gebe ich gerne Schützenhilfe."

Ich: „Danke."

Schütze: „Viel Erfolg!"

Ich: „Ja – Dir auch!"

10. Womit?

♑

Ich: „Hallo.“

Steinbock: „Guten Tag. Sie wünschen?“

Ich: „Hilfe bei dem Versuch, etwas zur Weiterentwicklung des Umgangs der Menschen miteinander und mit der Erde beizusteuern.“

Steinbock: „Keine kleine Aufgabe, möchte man meinen. An was haben Sie denn da gedacht?“

Ich: „Das ist mir noch nicht ganz klar. Ich habe schon mit neun Sternzeichen gesprochen und jeder hat mir etwas ganz Eigenes gezeigt – und ich habe nicht vorhersehen können, was ich von ihnen jeweils geschenkt erhalte. … Vielleicht eine Steinbock-Weisheit?“

Steinbock: „Eine Weisheit. So, so. Das ist ja nicht das Kleinste, worum man bitten kann. Aber ich werde schauen, was sich machen lässt.“

Ich: „Danke.“

Steinbock: „Vieles kannst Du durch Gesetze regeln – aber es ist nicht leicht, eine Mehrheit für vernünftige Gesetze zu bekommen, da sich alle mehr um die eigene Macht streiten.“

Ich: „Genau das ist eines der Dinge, die ich ändern will!“

Steinbock: „Hast Du aber noch nicht. Wir stehen da, wo wir gerade stehen und müssen von dort ausgehen und den nächsten Schritt machen. Derzeit werden noch Mehrheiten gebraucht, um Gesetze zu erlassen. Und die Parteien richten sich nach ihren Wählern. Folglich können die Wähler – also alle – etwas ändern, wenn sie einsichtig sind. Sie können sogar neue Parteien gründen.“

Ich: „Soll ich etwa eine neue Partei gründen?“

Steinbock: „Nein! Hör doch erst einmal zu! Nicht so hastig – damit kommst Du nur langsamer ans Ziel.“

Ich: „Ja, gut …“

Steinbock: „Die Wähler brauchen Einsicht. Und die Menschen lernen durch Vorbilder. Also brauchen sie einsichtige Vorbilder.“

Ich: „Vorbilder?“

Steinbock: „Ja – so wie Martin Luther King, Mahatma Gandhi, Michail Gorbatschow, Barak Obama, Bertha von Suttner, Albert Schweizer, Greta Thunberg, Nelson Mandela, Desmond Tutu, Franz Alt, George Orwell, der Dalai Lama … die Liste kann man noch länger fortsetzen.“

Ich: „Ich bin nicht so berühmt … und das will ich auch gar nicht sein …“

Steinbock: „Hör doch erst mal zu! Sei nicht so ungeduldig! Herrgottnochmal!“

Ich: „Ich versuch's.“

Steinbock: „Nein – tu's! Also: Die Menschen brauchen Vorbilder – am besten echte, lebendige Vorbilder. Aber oft werden diese Vorbilder auch durch Bücher und Filme erschaffen – zum Beispiel Pippi Langstrumpf, die die Eigenständigkeit von Mädchen verkörpert. Oder im 'Herr der Ringe' die Gemeinschaft des Zauberers Gandalf, der beiden Menschen Aragorn und Boromir, dem Elf Legolas, dem Zwerg Gimli und den vier Hobbits Frodo, Sam, Merry und Pippin – da wurde das erste Mal gezeigt, wie Verschiedene sich gegenseitig ergänzen und etwas erreichen können, was sie als Einzelne nicht erreicht hätten.

Verstehst Du, was ich meine?“

Ich: „Ja – ich glaube schon … Diese 'Gemeinschaft von Verschiedenen' wird ja auch in den Avengers-Filmen von MCU deutlich dargestellt: Iron Man, Captain America, Black Widow, Hawkeye, Thor, Hulk … Ist es das, was Du meinst? Daß diese Gemeinschaften Vorbilder für die Sophikratie sein können?“

Steinbock: „Nein, natürlich nicht! Es sind einfach Beispiele für Vorbilder, die von vielen anderen Autoren, Filmen und Video-Spielen aufgegriffen worden sind. Das waren Vorbilder, die gewirkt haben. Doch Du brauchst andere Vorbilder, denn die Gemeinschaft im 'Herr der Ringe', in 'Harry Potter' und in den Avengers-Filmen kämpfen gegen einen Feind – und das ist immer noch die alte 'Gut gegen Böse'-Geschichte. Da geht es noch immer um Sieger und Verlierer. Da sind das 'wir' noch immer die Guten und das 'ihr' sind die Bösen. Das ist nur eine interne Integration: Die eigene Gruppe besteht aus unterschiedlichen Gestalten und wird zu einer Handlungs-Einheit. Doch sie kämpft gegen andere Einheiten, die ebenfalls oft recht bunt zusammengewürfelt sind … aber die eben als 'böse' dargestellt werden.

Und schau Dir nur z.B. Tanos in den Avengers-Filmen: Er hat das Problem der Überbevölkerung richtig erkannt und versucht es zu beheben – allerdings auf brutale Weise. Und was machen die Avengers? Sie kämpfen gegen ihn anstatt sich mit ihm zusammenzusetzen und gemeinsam mit ihm nach Lösungen zu suchen, die nicht so brutal sind wie das Auslöschen der Hälfte aller Lebewesen.

Verstehst Du? Wir brauchen neue Geschichten! Neue Heldengeschichten! Neue

Vorbild-Geschichten! Das sind Geschichten ohne Sieger und Verlierer – das sind Problemlösungs-Geschichten.

Begreifst Du den Unterschied?!"

Ich: „Ja … ja … das verstehe ich … Neue Geschichten mit einer neuen Art von Helden und Heldinnen … Aber wo kommen diese Geschichten her?"

Steinbock: „Schreib eine Geschichte … schreib einen Roman …"

Ich: „Ich bin schon dabei … mein 'Maran'-Roman …"

Steinbock: „Und andere werden auch damit beginnen, solche Geschichten zu schreiben. Es muss nur erst mal wirklich klar werden, dass neue Geschichten gebraucht werden – und welche Art von Geschichten das sein muss.

Natürlich wird es auch in diesen Geschichten Kämpfe geben, aber sie sind nicht der Kern der Geschichten und auch nicht die Rahmenhandlung. Es wird immer Menschen geben, die brutal sind, die nach Macht streben, die süchtig sind – und gegen die man sich wehren muss. In dem Streben nach einem friedlichen Leben sind die Hobbits und Harry Potter mit seinen Freuden am weitesten gekommen – aber die Rahmenhandlung ist noch immer 'gut gegen böse'. Es braucht eine andere Rahmenhandlung, die ihre Spannung aus etwas anderem als dem Kampf bezieht, die nicht auf den Sieg des 'Guten' über das 'Böse' aus ist.

Wenn zwei Heere gegeneinander kämpfen, halten sich beide Heere für die Guten. Immerhin da hat es schon angefangen, deutlich zu werden, dass das mit dem 'Gut und Böse' ein Irrtum ist."

Ich: „Wie meinst Du das?"

Steinbock: „Zum Beispiel fragt sich Frodo im 'Herrn der Ringe' einmal, als er einen toten Krieger der feindlichen Armee vor sich liegen sieht, ob dieser Krieger nicht viel lieber daheim bei seiner Frau und seinen Kindern geblieben wäre. Das ist ein Ansatz in die richtige Richtung: Es geht primär nicht darum, den Krieg zu gewinnen – auch wenn das im Krieg wichtig ist – sondern es geht darum, alle Kriege zu beenden. Schreibe eine Geschichte, die die Lösung für das Beenden der Kriege findet, die Feinde versöhnt, die zu einer allgemeinen Kooperation führt …"

Ich: „So wie sich Harry Potter und Draco Malfoy in ' Harry Potter and the Cursed Child' zusammenschließen?"

Steinbock: „Ja – das ist auch so ein Ansatz."

Ich: „Also nicht 'Neue Männer braucht das Land!' sondern 'Neue Helden braucht das Land!' oder besser noch 'Neue Geschichten braucht das Land!'"

Steinbock: „Ja. Geschichten, in denen nicht Kraft oder Magie oder das längere Schwert siegen, sondern die Einsicht, die Kooperation und Weisheit – und wo es am

Ende allen gut geht – und nicht nur den 'Guten', weil alle 'Bösen' tot sind."

Ich: „Eine große Aufgabe … Man könnte auch Romane über Menschen mit einem erfüllten Leben schreiben – wobei es da gar nicht um große Taten oder gewaltige Siege geht, sondern um Alltags-Weisheit, Selbsterkenntnis, Gemeinschaft und ähnliches."

Steinbock: „Ja – Du hast es offenbar allmählich verstanden. Diese Geschichten sind Vorbilder, sie zeigen Möglichkeiten, sie beschrieben ganz konkrete Verhaltensweisen, die ein Problem aus dem Weg geräumt haben. Das sind friedliche Helden, Friedens-Helden, Weisheits-Helden, Friedensstifter, Problemlöser, Berater, Vernunft-Manager, Lösungs-Organisatoren, erleuchtende Redner, begeisternde Lehrer, Wegbereiter …

Verstehst Du, welche Art von Männern und Frauen und Kindern ich meine?"

Ich: „Ja – das wird immer deutlicher …"

Steinbock: „Schön."

Ich: „Der Schütze hat mir geraten, Slogans für den Weg zur Sophikratie zu suchen, aber Du hast mir jetzt gezeigt, dass das nicht ausreicht – es werden auch ganze, detailreiche Geschichten gebraucht, die die Menschen und ihr Leben beschreiben, die sich an diese Slogans halten, die aus ihrem Herzen heraus sich so verhalten wie Menschen in einer erwachsenen Menschheit … was ich mithilfe des Widders als 'Sophikratie' bezeichnet habe."

Steinbock: „Eine kurze Formel für das, was Du willst, ist gut und nützlich, aber Du brauchst auch eine Geschichte dazu, wie das konkret und im Detail aussieht. Und man muss anhand dieser Geschichte erkennen können, dass das Ziel des neuen Verhaltens, des neuen Weltbildes, der neuen Gesellschaftsform wirklich realisierbar ist. Es darf kein Hirngespinst bleiben – es muss ganz konkret machbar sein."

Ich: „Ja … wenn ich von einen anderen über solch eine neue Form des Umgangs miteinander hören würde, würde ich auch als erstes fragen, ob das denn überhaupt funktionieren kann. Und da wäre mir ein konkretes Beispiel aus dem Alltag natürlich am liebsten – aber eine Geschichte, die das anschaulich beschreibt, würde mir auch schon weiterhelfen."

Steinbock: „Und bedenke: Menschen lernen durch Vorbilder – vor allem Kinder und Jugendliche. Sie hängen sich die Bilder ihrer Ideale an die Wand und kleiden sich wie sie. Was wäre, wenn es Geschichten in Büchern und Filmen gäbe, die solche Sophikratie-Helden darstellen und die Kinder und Jugendlichen sie begeistert nachzuahmen versuchen würden?"

Ich: „Das wäre wirklich gut. Aber der Begriff 'Sophikratie-Helden' gefällt mir nicht. Das klingt so wie damals in der DDR die Bezeichnung 'Held der Arbeit'. Mir geht um die Weisheit, um die Einsicht, um ein Handeln aus dem eigenen Herzen heraus, aus weitsichtigen Egoismus heraus. Mir geht es um die einzelnen Menschen, um ihr Leben, um die Welt, in der sie leben. Wie die Regierungsform und die Wirtschaftsform, die die dann haben, heißt, ist mir egal."

Steinbock: „Das ist ja auch die Basis – aber auf der baut auch ein politisches System auf, eine Gesetzgebung und ein Wirtschaftssystem. Ohne das geht es nicht."

Ich: „Ja, gut … wenn darüber der Einzelne nicht vergessen wird … wenn der Einzelne weiterhin im Mittelpunkt steht …"

Steinbock: „Da es sich bei der Sophikratie um ein auf Weisheit gegründetes System handelt, kommst Du gar nicht ohne die Einzelnen aus … um die Weisheit der Einzelnen …"

Ich: „Ja, gut … Vielen Dank! … War es das, was Du mir zu sagen hast?"

Steinbock: „Ja. Schreibe neue Geschichten, mache sie bekannt – das wird dann Nachahmer finden und die Gestalten Deiner Geschichten und auch die Gestalten der Geschichten der anderen werden zu Vorbildern werden. Das wird dann ein neues Verhalten nach sich ziehen und schließlich auch zu neuen Gesetzen führen."

Ich: „Hm … sind denn nicht auch konkrete Projekte wie Greenpeace oder die Erfindung von Solaranlagen wichtig?"

Steinbock: „Alle diese Dinge sind wichtig – sie erden Deine Geschichten. Das ist das Ziel dieser Geschichten: Die Menschen anregen, sich anders zu verhalten und sinnvolle Dinge zu tun. Und wenn es diese Dinge dann zu kaufen gibt oder wenn man diese Vorbilder dann nachahmen kann, dann entsteht allmählich die Sophikratie."

Ich: „Die Geschichten helfen also, eine Ideal so konkret zu machen, dass es zum Ziel und zum Vorbild werden kann. Und dadurch, dass sich Menschen dann so verhalten, werden sie zu lebendigen Vorbildern. Und durch das, was sie tun und erfinden und erschaffen, wird das Ideal allmählich zur Realität."

Steinbock: „So ist es. So werden Dinge erschaffen."

Ich: „Danke! Vielen Dank! Das war wieder ein großer Schritt weiter!"

Steinbock: „Bitte. Stets zu Diensten!

11. Wann?

♒

Ich: „Hallo!“

Wassermann: „Hallöchen! Was führt Dich zu mir?“

Ich: „Die Suche nach einer Utopie.“

Wassermann: „Da bist Du hier genau richtig. Du hast die vorigen zehn Schritte schon durchlaufen?“

Ich: „Ja.“

Wassermann: „Kannst Du sie aufzählen?“

Ich: „Ehm … ich denk schon:

der schlichte Kerngedanke des Widders,
der Nutzen des Stiers,
die Beweglichkeit des Zwillings,
das emotionale Bild des Krebses,
die Selbstheilung des Löwen,
die Details der Jungfrau,
das Eltern/Sophikratie-Gleichnis der Waage,
die Kritik des Skorpions,
der Slogan des Schützen, und
die neue Vorbild-Geschichte des Steinbocks.“

Wassermann: „Richtig. Was Dir jetzt noch fehlt, ist die Ausarbeitung eines schlüssigen und sicheren Gesamtsystems.“

Ich: „Wie kann man das erreichen?“

Wassermann: „Das Erreichen von Sicherheit ist zwar relativ einfach, aber nicht leicht zu realisieren. Ein System erreicht seine Stabilität durch die Solidarität seiner Mitglieder. Im Fall Deiner Sophikratie ist dies die Solidarität aller Einsichtigen miteinander – dann haben die, die das System stören oder zerstören wollen, keine großen Chancen mehr. Leider genügt schon eine kleine Zahl von Abweichlern, um Boykotts und ähnliches deutlich unwirksamer zu machen.“

Ich: „Und wie erreicht man die Schlüssigkeit eines Systems?“

Wassermann: „Durch eine Werte- und Prozess-Pyramide.“

Ich: „Das kenne ich nicht. Was ist das?“

Wassermann: „Was ist der oberste Wert, den Du anstrebst? Also die Spitze der Pyramide?“

Ich: „Eine gute Zukunft für meine Kinder auf dieser Erde. Und natürlich auch für alle anderen Kinder.“

Wassermann: „Also ein stabiles, lebensfähiges System auf der Erde, das nicht von den Tätigkeiten der Menschen gestört oder gar zerstört wird.“

Ich: „Ja.“

Wassermann: „Gibt es Unterpunkte zu diesen Zielen?“

Ich: „Hm … ja … die materielle und gesundheitliche Absicherung aller Menschen sowie Frieden auf Erden.“

Wassermann: „Was sind die Eigenschaften des Systems, das Du errichten willst?“

Ich: „Das sind … ja … die Einsicht, der weitsichtige Egoismus, Vertrauen und Verantwortung sowie das warme Nest-Gefühl, also die Geborgenheit.“

Wassermann: „Gut. Dann die Methoden.“

Ich: „Ja … das sind das Eltern-Prinzip, also das 'sowohl als auch', d.h. die anteilige Berücksichtigung der Wünsche; dann allgemein die Sophikratie, d.h. das Handeln mit Weisheit; weiterhin die Kooperation und die Koordination; zwei bis drei Generationen der 1-Kind-Familie; und schließlich noch der organische Aufbau der Regelungen und Bestimmungen, d.h. die Abstufung 'UNO – Staat – Region – Ort – Individuum'. Das war's.“

Wassermann: „Was sind die primären Hilfsmittel?“

Ich: „Was ist damit gemeint?“

Wassermann: „Die Hilfsmittel, die das System wesentlich prägen.“

Ich: „Ach so. … Das wären dann die Selbsterkenntnis, die psychische Heilung, die Reduzierung auf die tatsächlichen Bedürfnisse, die Förderung nachwachsender Rohstoffe, das LEGO-Prinzip im Bau von Maschinen u.ä., und die Durchsichtigkeit der Finanzen und der Wirtschaft.“

Wassermann: „Und schließlich noch die sekundären Hilfsmittel, die weniger wichtig sind, aber trotzdem noch Bedeutung haben.“

Ich: „Gut … Das sind das Bild der Erde mit dem Menschen-Kreis ringsum; das ist die allmähliche, vorsichtige Weiterentwicklung der Werte; und dann auch noch die alternativen Heilweisen.“

Wassermann: „Gut. Dann haben wir die Werte- und Prozeß-Pyramide fertig:

1. oberstes Ziel:
- gute Zukunft für unsere Kinder

2. Unterziele:
- materielle Absicherung aller Menschen
- gesundheitliche Absicherung aller Menschen
- Frieden auf Erden

3. Eigenschaften:
- Einsicht
- weitsichtiger Egoismus
- Vertrauen
- Verantwortung
- warmes Nest-Gefühl

4. Methoden:
- Eltern-Prinzip, ('sowohl als auch', anteilige Berücksichtigung der Wünsche)
- Sophikratie (Handeln mit Weisheit)
- Kooperation
- Koordination
- organische Aufbau der Bestimmungen (UNO – Staat – Region – Ort – Individuum)
- 2-3 Generationen der 1-Kind-Familie

5. primäre Hilfsmittel:
- Selbsterkenntnis
- psychische Heilung
- Reduzierung auf die tatsächlichen Bedürfnisse
- Förderung nachwachsender Rohstoffe
- LEGO-Prinzip im Bau von Maschinen u.ä.
- Durchsichtigkeit der Finanzen
- Durchsichtigkeit der Wirtschaft

6. sekundäre Hilfsmittel:
- Bild (Erde mit Menschen-Kreis ringsum)
- allmähliche Weiterentwicklung der Werte
- alternative Heilweisen

Das ist jetzt Deine theoretische Grundlage und Dein Prozess-Plan."

Ich: „Hm … der ist aber vermutlich noch nicht vollständig … Das ist doch bestenfalls ein erster Entwurf, eine erste Skizze …"

Wassermann: „Das ist egal. Du brauchst zunächst einmal Klarheit über Deine Utopie. Sie muss eine Form annehmen, geordnet sein, anschaulich und übersichtlich sein. Damit kannst Du dann anfangen zu arbeiten.

Dann kommen natürlich noch Adresslisten von allen, die sich mit Dir solidarisiert haben, Zeitpläne, Anforderungs-Listen, Ablauf-Reihenfolgen und dergleichen mehr … Aber das ist Schritt 2. Wir sind erst bei Schritt 1. – das ist die grundsätzliche Übersicht. Diese Pyramide soll Dir – und natürlich auch den anderen – den nötigen Überblick verschaffen, damit die anderen überhaupt dazu inspiriert werden, sich mit Dir solidarisch zu erklären. Du brauchst Mitstreiter – alleine schaffst Du das nicht. Und solch eine Pyramide ist leichter zu verstehen als eine Liste mit zwanzig Schlagworten."

Ich: „Mir ist auch wichtig, dass das ein offenes System bleibt."

Wassermann: „Wie meinst Du das?"

Ich: „Ich meine, es soll niemand glauben, dass das schon die Lösung ist. Es ist ein Ansatz, aber wir brauchen viele verschiedene Ansätze, damit das funktionieren kann."

Wassermann: „Aber stell auch nicht Dein Licht unter den Scheffel! Du trägst auch zu dem Gelingen bei! Du machst auch einen der Schritte, die die Menschheit zu diesem Ziel hin machen muss. Und wie willst Du andere begeistern und überzeugen, wenn Du selber nicht begeistert und überzeugt bist?"

Ich: „Das verstehe ich ja, aber ich will mich nicht über die Sache selber stellen. Es geht nicht um mich oder gar meinen Ruhm – es geht um meine Kinder, um unsere Kinder!"

Wassermann: „Ja … das ist gut, dass Du das klar unterscheiden kannst."

Ich: „Es ist nicht eine Theorie, aus der heraus ich was tun will, sondern ein Gefühl! Ein Gefühl für mich selber, für mich auf der Erde, für die Zukunft meiner Kinder, für die Zukunft aller Lebewesen auf der Erde!"

Wassermann: „Ja … Gefühle … die gibt es natürlich auch noch … Aber das ist nicht mein Fachgebiet – das musst Du den Fisch fragen …"

Ich: „Den Fisch?"

Wassermann: „Ja – da drüben wartet er schon. Geh mal zu ihm hinüber und grüß ihn von mir."

Ich: „Ja, gut … mach ich … Vielen Dank!"

Wassermann: „Bitte. Ernsthaft Interessierte sind mir immer willkommen."

12. Wofür?

♓

Ich: „Hallo!“

Fische: „Hi! Na, wie geht’s?“

Ich: „Ehm … gut … Ich komme gut voran.“

Fische: „Ja – Du bist ja auch am Ende des Tierkreises angekommen …“

Ich: „Was kannst Du denn noch zu meinen Forschungen, zu meinem Projekt dazutun?“

Fische: „Ach – da wird sich schon was finden lassen. Wo stehst Du denn grad mit der ganzen Sache?“

Ich: „Ich war bei dem Lebensgefühl angekommen, bei dem Wunsch, meinen Kindern eine heile Welt zu hinterlassen, bei meiner Verbundenheit mit dem ganzen Leben auf der Erde …“

Fische: „Ja, ja … das ist das Wichtigste … Mein Großonkel Alfred sagt immer, dass man nur vernün[illegible] bleiben kann, wenn man jeden Tag wenigstens eine Stunde irgendwo still in [illegible]tur sitzt. Da hat er recht, der alte Alfred … Ja, und da hat der Wassermann Di[illegible]schickt? Ja, ja – mit Gefühlen kann der nicht so viel anfangen … der i[illegible] in der Zukunft …“

Ich: „Das war [illegible]

Fische: „Weiß[illegible] Dorf gegangen und hab so nebenbei gedacht, dass es n[illegible]zu haben – meins ist ja letztens kaputt gegangen – Achsen[illegible]schon uralt, das Rad … und als ich im Dorf ankam, da rief [illegible] der Schlosserei, und fragt mich, ob ich nicht sein altes Rad [illegible] nämlich ein neues gekauft … und da hatte ich auf einmal d[illegible] zuvor gewünscht hatte … So einfach ist das! Hast Du das bed[illegible]e hast Du das doch gleich genannt? … Ach, ja – bei Deine[illegible] Deinem Projekt … Hast Du das da mitbedacht?“

Ich: „Ehm … nein … [illegible] mitbedenken?“

Fische: „Na, ja … da [illegible]nnvollen Zufälle, diese Telepathie … die bringt doch die richtig[illegible]n … man trifft doch immer wieder die

Wütenden, solange man sich noch vor Wut fürchtet … und wenn man sich was wünscht, also so ein 'ja'-Wunsch, kein 'ja, aber'-Wunsch … so ein Wunsch aus ganzem Herzen oder frisch von der Leber weg, wie man so sagt … ja, wenn man so wünscht, dann kommen die Sachen ja auch … Das kann doch alles in einen guten Fluss bringen, oder?"

Ich: „Hm … das klingt nach einer ganz praktischen Anwendung des kollektiven Unterbewusstseins, wie C.G. Jung das genannt hat."

Fische: „Wie das heißt, ist mir egal … ich finde das einfach praktisch … das macht das Leben viel einfacher – aber wem sage ich das? Das kennst Du doch sicher auch … Meine Großtante Amalie – das ist die Schwester vom alten Alfred – die kann das so richtig gut … die lacht einfach dabei und freut sich schon darauf, dass ihre Wünsche in Erfüllung gehen … Ich glaub, wenn ich das so gut könnte wie die, dann würde ich nicht mehr arbeiten gehen … Ach, Unsinn, dann wär mir ja langweilig! Ich tue doch gern was! Aber ich rede und rede und lass Dich gar nicht Wort kommen …"

Ich: „Du erzählst da was ganz Spannendes! Daran habe ich noch gar nicht wirklich gründlich nachgedacht. Wir organisieren einen Teil bewusst, schaffen ein politisches System, ein Wirtschaftssystem – und nebenher läuft auch noch ganz viel durch den sinnvollen Zufall ab, da wird ganz viel durch Telepathie koordiniert – hauptsächlich durch unbewusste Telepathie."

Fische: „Ja, das kenn ich gut! Früher, da habe ich immer Angst vor Mangel gehabt, aber dann war ich ein paarmal in einer Schwitzhütte und habe da die Fülle erlebt … die Geborgenheit … und dann war meine Angst vor Mangel auf einmal weg – und seitdem ist das mit dem Wünschen viel einfacher geworden – da hängt jetzt an meinem 'ja' kein 'aber' mehr hintendran … da habe ich keine heimliche Angst mehr vor der Erfüllung meiner Wünsche …"

Ich: „Ja, das kenn ich auch. Wenn man eine Beziehung will, aber gleichzeitig hat, dass das wieder wie beim vorigen Mal ein endloser Streit wird, dann fi entweder vorsichtshalber erst gar keine neue Beziehung mehr oder es wir wieder dasselbe Drama."

Fische: „Ja, ja … so ist das. Da hilft nur Heilung – ganz egal, wie … durch einen Freund, einen Psycho-Doc oder eine Schwitzhütt

Ich: „Ja, das sehe ich auch so … der sinnvolle Zufall fu einen 'ja'-Wunsch ohne eine da dran hängende 'aber'- bekommt man zwar das 'ja' erfüllt, aber genauso auch immer das ganze Bild zu einem Thema, nicht nur d hätte … also z.B. das ganze eigene Beziehungs Anteil."

Fische: „Du kennst Dich ja doch ein bisschen da

Ich: „Ja, ein bisschen – es reicht so für den Hausgebrauch … Aber sag, wie kann man das denn für das neue System nutzen, für die Sophikratie?“

Fische: „Das ist doch nichts zum Nutzen! Du musst das doch nicht erst erschaffen! Das ist doch alles schon da … überall und immer … Du musst es nur zulassen und am besten selber möglichst heil werden … Das Außen spiegelt Dir immer Dein Innen … also: innen heil = außen heil … Ganz einfach. Das sagt meine Großtante Amalie auch immer. … Wirklich – das ist ganz einfach … Du musst nur innerlich heil werden. Keine Theorien, keine Konzepte, nix von solchem Kram … Ne, Danke! Einfach fließen … das ist alles …“

Ich: „Hm … ja, wahrscheinlich hast Du da recht …“

Fische: „Wer redet denn schon im Alltag über so'n Zeug wie Utopien und Konzepte und so was? Niemand! Da hast Du ein paar Bilder in Dir, Du hast das Vertrauen, Du siehst zu, dass Du immer heiler wirst – und schon gedeiht Dein Leben … Ich seh ja schon ein, dass sich auch Leute ums Regieren und Wirtschaften kümmern müssen, aber das ist nicht meine Sache. Ich helfe, wo ich helfen kann und ich bekomme auch immer Hilfe, wenn ich sie brauche …“

Ich: „Das gefällt mir.“

Fische: „Und der alte Alfred sagt immer … ach, nein – das war ja meine Tante Dorothea – die sagt immer, Geld muss fließen, halt es bloß nicht fest, denn dann mag es Dich nicht mehr – Geld will frei sein … und alles andere übrigens auch. Wenn Du was nicht ganz dringend brauchst und das fehlt einem anderen gerade, dann gib's ihm einfach. Dir tut's nicht weh und der andere freut sich. So einfach entsteht Freude und auch Vertrauen – und dann lächeln alle … Ganz einfach, das alles.“

Ich: „Ja, ich sehe, dass all meine Gedanken in den Alltag kommen müssen – und auch diese erwachsene Haltung, die mir das Fundament zu sein scheint …“

Fische: „Aber diese Erwachsenen dürfen keine herabhängenden Mundwinkel und keine Magengeschwüre haben! Die lächeln, die haben Vertrauen, die helfen, die lassen es sich gut gehen, die haben einen Blick auf alles ringsherum … und die arbeiten nicht zu viel, sondern nur das, was nötig und sinnvoll ist …“

[illegible]*ch*: „Ich habe den Eindruck, dass Du auf eine ganz schlichte Art weise bist …“

[illegible]sche: „Weise? Das hat noch nie jemand zu mir gesagt. Lass diese großen Worte [illegible]te und tu einfach das, was Dir und den anderen gut tut.“

[illegible]Ja … da hast Du wohl recht …“

[illegible]: „Ich weiß – manche Leute reden gern und viel und immer so'n abstraktes [illegible] dabei reicht es völlig, im Alltag mit dem Leben zu fließen – dann wird alles [illegible]h. Und wir wollen doch eigentlich auch alle dieselben Dinge: dass die

Blumen auf der Wiese blühen und die Schmetterlinge tanzen, das es im Winter kalt und im Sommer warm ist, dass wir Freunde und Geliebte und Kinder und Enkel haben und dass wir uns mit unseren Nachbarn gut verstehen … das ist doch alles ganz einfach …“

Ich: „Hm … aber müssen nicht auch die anderen elf Tierkreiszeichen mitwirken?“

Fische: „Na klar müssen sie das – sonst ist der Kreis doch nicht rund! Ich erzähl Dir nur meinen Teil davon – und den vom alten Alfred, von Großtante Amalie und von Tante Dorothea … na, ja – und die Geschichten von all den anderen, die auch mit dem Leben fließen …“

Ich: „Das sollte man wohl nicht vergessen, das man nicht nur das Ganze in Verantwortung trägt, sondern dass man sich auch von dem Ganzen in Vertrauen tragen lassen kann …“

Fische: „Ja … das sollte man nicht vergessen … sonst war's das mit dem Fließen …“

Ich: „Wir erschaffen das kollektive Unterbewusstsein, wir gestalten es mit – und es hilft uns und beschenkt uns, wenn wir uns drauf einlassen … Unsere Bilder und Geschichten und Handlungen prägen das kollektive Unterbewusstsein und dieses kollektive Unterbewusstsein prägt dann wiederum unser Leben durch solche Bilder, Geschichten und Handlungen wie die, die wir in das das kollektive Unterbewusstsein hineingegeben haben.“

Fische: „Ich sag ja: mit dem Leben fließen … das Tao, wie der alte Lao-Tse das genannt hat …“

Ich: „Ja … das Tao ist wohl so etwas wie der Atem der Gaia …“

Fische: „Ah – das klingt jetzt schon mehr nach dem, wie ich das erlebe …“

Ich: „Das freut mich … dann beginne ich Dich wohl so langsam zu verstehen …“

Fische: „Und weißt Du, was jetzt kommt?“

Ich: „Nein … was denn?“

Fische: „Na, Du gehst weiter zu dem Widder und tust was, gründest was, machst was, fängst was an …“

Ich: „Was? Noch 'ne Runde?“

Fische: „Na, ja – wie willst Du sonst in einem Kreis fließen? Kreise haben keinen Anfang und kein Ende … Das hörst Du nie auf solange Du lebst … da machst Du immer wieder den nächsten Schritt … So ist das Leben ...“

Ich: „Oh, oh … Und ich dachte, ich wäre jetzt nach dem zwölften Zeichen fertig …“

Fische: „Fertig mit dieser Runde, ja – und Du bist ja auch nicht mehr da, wo Du am Anfang warst.“

Ich: „Nein, da bin ich wirklich nicht mehr. Ich bin viel weiter gekommen.“

Fische: „Und hast Du nicht Lust, noch weiter zu gehen?“

Ich: „Doch … hab ich …“

Fische: „Na, dann … Eine gute Wanderung wünsch ich Dir!“

Ich: „Danke! Vielen Dank!“

Bücher von Harry Eilenstein

Magie für Anfänger
- Telepathie für Anfänger (60 S.)
- Telepathie für Fortgeschrittene (52 S.)
- Telekinese für Anfänger (52 S.)
- Analogien für Anfänger (56 S.)
- Omen und Orakel für Anfänger (52 S.)
- Lebenskraft für Anfänger (60 S.)
- Meditation für Anfänger (56 S.)
- Kundalini für Anfänger (100 S.)
- Hypnose für Anfänger (56 S.)
- Kampfmagie für Anfänger (172 S.)
- Auto-Movement für Anfänger (56 S.)
- Chakra-Magie für Anfänger (148 S.)
- Astralreisen für Anfänger (56 S.)
- Astrologie für Anfänger (120 S.)
- Astrologische Quadrate für Fortgeschrittene (72 S.)
- Partnerhoroskope für Anfänger (100 S.)
- Silberschnüre für Anfänger (52 S.)
- Zaubersprüche für Anfänger (60 S.)
- Ritual-Magie für Anfänger (56 S.)
- Mandalas für Anfänger (68 S.)
- Geldzauber für Anfänger (56 S.)
- Liebeszauber für Anfänger (52 S.)
- Invokationen für Anfänger (52 S.)
- Evokationen für Anfänger (60 S.)
- Geister für Anfänger (52 S.)
- Elfen für Anfänger (56 S.)
- Magie-Forschung für Anfänger (140 S.)
- Magie-Romantik für Anfänger (60 S.)
- Selbsterkenntnis für Anfänger (52 S.)
- Einweihungen für Anfänger (60 S.)
- Drogen-Kabbala für Anfänger (216 S.)
- Zahlensymbolik für Anfänger (60 S.)
- Die Sprache des Mondes – für Anfänger (116 S.)
- Zaubergesänge für Anfänger (100 S.)
- Zukunftschau für Anfänger (60 S.)
- Schamanismus für Anfänger (52 S.)
- Schwitzhütten für Anfänger (52 S.)
- Magische Gegenstände für Anfänger (68 S.)
- Übertragungen für Anfänger (68 S.)
- Zaubertränke für Anfänger (64 S.)
- Magie-Gesten für Anfänger (252 S.)
- Da'ath-Magie für Anfänger (64 S.)
- Magie-Heilungen für Anfänger (68 S.)
- Kornkreise für Anfänger (348 S.)
- Feng Shui für Anfänger (96 S.)
- Tao für Anfänger (112 S.)
- Magie für Anfänger – Sammelband I (696 S.)
- Magie für Anfänger – Sammelband II (664 S.)
- Magie für Anfänger – Sammelband III (580 S.)
- Magie für Anfänger – Sammelband IV (700 S.)
- Magie für Anfänger – Sammelband V (676 S.)
- Magie für Anfänger – Sammelband VI (640 S.)

Magie
- Handbuch für Zauberlehrlinge (408 S.)
- Wie man das Pentagramm-Ritual zum Leben erweckt (308 S.)
- Tarot (104 S.)
- Physik und Magie (184 S.)
- Die Synthese von Physik und Magie (200S.)
- Die Magie-Formel (156 S.)
- Schwarze Löcher in der Magie (56 S.)
- Krafttiere – Tiergöttinnen – Tiertänze (112 S.)
- Schwitzhütten (524 S.)
- Mythen und Magie der Harfe (116 S.)
- Drei Adeptus Major Rituale (192 S.)
- Drei Adeptus Exemptus Rituale (120 S.)
- Zwei Infans Abyssi Rituale (128 S.)

Traumreisen
- Traumreisen zu Heilpflanzen (700 S.)
- Traumreisen zum kabbalistischen Lebensbaum (132 S.)

Meditation
- Der Lebenskraftkörper (230 S.)
- Die Chakren (100 S.)
- Das Chakren-System mit den Nebenchakren (296 S.)
- Organe und Chakren (64 S.)
- Die platonischen Körper in den Chakren (156 S.)
- Meditation (140 S.)
- Drachenfeuer (124 S.)
- Kundalini I (676 S.)
- Kundalini II (672 S.)
- Reinkarnation (156 S.)
- einsgerichtet (140 S.)

Astrologie
- Astrologie (496 S.)
- Photo-Astrologie (428 S.)
- Die astrologischen Aspekte (88 S.)
- Horoskop und Seele (120 S.)

Kabbala
- Kursus der praktischen Kabbala (150 S.)
- Eltern der Erde (450 S.)
- Blüten des Lebensbaumes:
    1. Die Struktur des kabbalistischen Lebensbaumes (370 S.)
    2. Der kabbalistische Lebensbaum als Forschungshilfsmittel (580 S.)
    3. Der kabbalistische Lebensbaum als spirituelle Landkarte (520 S.)
- Logik und Wirkung der Analogie (700 S.)

Eilenstein, Frater V.D., Knecht, Büdenbender
- Magie heute – Berichte aus der Praxis (288 S.)

Büdenbender, Eilenstein
- Chaos, Alk und Magic (436 S.)

Germanen

1. Die Entwicklung der germanischen Religion (556S.)
2. Lexikon der germanischen Religion (576S.)
3. Der ursprüngliche Göttervater Tyr (584S.)
4. Tyr in der Unterwelt: der Schmied Wieland (228S.)
5. Tyr in der Unterwelt: der Riesenkönig 1 (448S.)
6. Tyr in der Unterwelt: der Riesenkönig 2 (452S.)
7. Tyr in der Unterwelt: der Zwergenkönig (304S.)
8. Der Himmelswächter Heimdall (140S.)
9. Der Sommergott Baldur (228S.)
10. Der Meeresgott: Ägir, Hler und Njörd (176S.)
11. Der Eibengott Ullr (148S.)
12. Die Zwillingsgötter Alcis (292S.)
13. Der neue Göttervater Odin 1 (672S.)
14. Der neue Göttervater Odin 2 (160S.)
15. Der Fruchtbarkeitsgott Freyr (320S.)
16. Der Chaos-Gott Loki (608S.)
17. Der Donnergott Thor (600S.)
18. Der Priestergott Hönir (76S.)
19. Die Göttersöhne (204S.)
20. Die unbekannteren Götter (248S.)
21. Die Göttermutter Frigg (220S.)
22. Die Liebesgöttin: Freya und Menglöd (424S.)
23. Die Erdgöttinnen (212S.)
24. Die Korngöttin Sif (104S.)
25. Die Apfel-Göttin Idun (144S.)
26. Die Hügelgrab-Jenseitsgöttin Hel (288S.)
27. Die Meeres-Jenseitsgöttin Ran (112S.)
28. Die unbekannteren Jenseitsgöttinnen (384S.)
29. Die unbekannteren Göttinnen (308S.)
30. Die Nornen (328S.)
31. Die Walküren (636S.)
32. Die Zwerge (424S.)
33. Der Urriese Ymir (220S.)
34. Die Riesen (384S.)
35. Die Riesinnen (368S.)
36. Mythologische Wesen (280S.)
37. Mythologische Priester und Priesterinnen (220S.)
38. Sigurd/Siegfried (672S.)
39. Helden und Göttersöhne (628S.)
40. Die Symbolik der Vögel und Insekten (496S.)
41. Die Symbolik der Schlangen, Drachen und Ungeheuer (616S.)

42.a Die Symbolik der Herdentiere 1 (448S.)

42.b Die Symbolik der Herdentiere 2 (304S.)

43. Die Symbolik der Raubtiere (372S.)
44. Die Symbolik der Wassertiere und sonstigen Tiere (164S.)
45. Die Symbolik der Pflanzen (192S.)
46. Die Symbolik der Farben (124S.)
47. Die Symbolik der Zahlen (640S.)
48. Die Symbolik von Sonne, Mond und Sternen (596S.)

49.a Das Jenseits 1 – Das Hügelgrab (428S.)

49.b Das Jenseits 2 – Der Jenseitsweg (484S.)

50. Astralreise, Seelenvogel, Utiseta und Einweihung (420S.)
51. Wiederzeugung und Wiedergeburt (476S.)
52. Elemente der Kosmologie (412S.)
53. Der Weltenbaum (324S.)
54. Die Symbolik der Himmelsrichtungen und der Jahreszeiten (276S.)

55.a Mythologische Motive 1 – Aufbau (492S.)

55.b Mythologische Motive 2 – Vorgänge (480S.)

56. Der Tempel (397S.)
57. Die Einrichtung des Tempels (696S.)
58. Priesterin – Seherin – Zauberin – Hexe (428S.)
59. Priester – Seher – Zauberer (300S.)
60. Rituelle Kleidung und Schmuck (140S.)
61. Skalden und Skaldinnen (92S.)
62. Kriegerinnen und Ekstase-Krieger (224S.)
63. Die Symbolik der Körperteile (340S.)

64.a Magie und Ritual 1 – Magie (608S.)

64.b Magie und Ritual 2 – Kult (592S.)

64.c Magie und Ritual 3 – Heilung (192S.)

65. Gestaltwandler (316S.)

66.a Magische Angriffs-Waffen (660S.)

66.b Magische Verteidigungs-Waffen (328S.)

67. Magische Werkzeuge und Gegenstände (348S.)
68. Zaubersprüche (340S.)
69. Göttermet (416S.)
70. Zaubertränke (72S.)
71. Träume, Omen und Orakel (284S.)
72. Runen (252S.)
73. Sozial-religiöse Rituale (328S.)
74. Weisheiten und Sprichworte (540S.)
75. Kenningar (664S.)
76. Rätsel (160S.)
77. Die vollständige Edda des Snorri Sturluson (512S.)
78. Frühe Skaldenlieder (224S.)

79.a Mythologische Sagas 1 (488S.)

79.b Mythologische Sagas 2 (372S.)

80. Hymnen an die germanischen Götter (684S.)

nicht Teil der Germanen-Reihe:

- Odin (300 S.)

Kelten

- Cernunnos (690 S.)
- Taliesin (228 S.)
- Der Kessel von Gundestrup (220 S.)
- Der Chiemsee-Kessel (76)

Inder

- Dakini (80 S.)
- Vajra (76 S.)

Griechen

- Pan (336 S.)
- Poseidon (668 S.)

Religion allgemein
- Die sieben Schritte des Lebens (428 S.)
- Muttergöttin und Schamanen (168 S.)
- Totempfähle (440 S.)
- Der Urriese (168 S.)

Jungsteinzeit
- Göbekli Tepe (472 S.)
- Die Göttin von Göbekli Tepe (144 S.)
- Die Rituale von Göbekli Tepe (112 S.)

Ägypten
- Hathor und Re 1: Götter und Mythen im im Alten Ägypten (432 S.)
- Hathor und Re 2: Die altägyptische Religion – Ursprünge, Kult und Magie (396 S.)
- Isis (508 S.)
- Ma'at (200 S.)

Indogermanen
- Die Entwicklung der indogermanischen Religionen (700 S.)
- Wurzeln und Zweige der indogermanischen Religion (224 S.)

Christentum
- Christus (60 S.)
- Die Biographie des Teufels (144 S.)
- Die Magie der Propheten Elias und Elisa (96 S.)

Psychologie
- Über die Freude (100 S.)
- Das Geheimnis des inneren Friedens (252 S.)
- Das Beziehungsmandala (52 S.)
- Gefühle und ihre Verwandlungen (404 S.)
- einsgerichtet (140 S.)
- Liebe und Eigenständigkeit (216 S.)
- Von innerer Fülle zu äußerem Gedeihen (52 S.)
- Kreative Hochzeits-Rituale (56 S.)

Heilung
- Die Symbolik der Krankheiten (76 S.)

Kunst
- Herz des Tanzes – Tanz des Herzens (160 S.)
- Die Wurzeln der Kunst (60 S.)
- Wege zur Musik-Improvisation (32 S.)

Drama
- König Athelstan (104 S.)

Roman
- Maran der Schamane (548 S.)
- Maran der Zauberlehrling (676 S.)
- Maran der Harfner (700 S.)
- Maran der Krieger (700 S.)
- Maran der Magier (900 S.)
- Maran der Weise (900 S.)

Entwürfe für die Zukunft
1. Die 12 Stile des Tierkreises (164 S.)
2. Die 12 Gedanken zur Energie (108 S.)
3. Die 12 Phänomene der Schwingungen (60 S.)
4. Die 12 Qualitäten des Wassers (92 S.)
5. Die 12 Fundamente des Wohnens (96 S.)
6. Die 12 Grundprinzipien einer umfassenden Gesundheit (32 S.)
7. Die 12 Zonen des menschlichen Körpers (80 S.)
8. Die 12 Zutaten der Ernährung (60 S.)
9. Die 12 Flüge der Bienen (148 S.)
10. Die 12 Sichtweisen auf Genußmittel und Drogen (96 S.)
11. Die 12 Möglichkeiten der ganzheitlichen Medizin (92 S.)
12. Die 12 Ansichten über das Impfen (36 S.)
13. Die 12 Leitlinien der Erziehung (44 S.)
14. Die 12 Richtungen des Denkens (84 S.)
15. Die 12 Arten des Lernens (56 S.)
16. Die 12 Seiten einer umfassenden Bildung (36 S.)
17. Die 12 Ansätze zu effektivem Handeln (76 S.)
18. Die 12 Konzepte der Arbeit (48 S.)
19. Die 12 Arten der neuen Technologien (36 S.)
20. Die 12 Betrachtungsweisen der künstlichen Intelligenz (48 S.)
21. Die 12 Eigenheiten des Geldes (40 S.)
22. Die 12 Funktionen der Steuern (56 S.)
23. Die 12 Betrachtungsweisen der Sozialberufe (60 S.)
24. Die 12 Strategien der Macht (64 S.)
25. Die 12 Anforderungen an ein neues Wertesystem (48 S.)
26. Die 12 Bausteine einer neuen Gesellschaftsform (52 S.)
27. Die 12 Tore zur Sophikratie (80 S.)
28. Die 12 Pfade zum Frieden (48 S.)
29. Die 12 Säulen des Naturrechts (56 S.)
30. Die 12 Grundlagen der Beziehungen (52 S.)
31. Die 12 Spielfelder des Fußballs (108 S.)
32. Die 12 Wege der Kunst (60 S.)
33. Die 12 Wurzeln eines erfüllten Lebens (44 S.)
34. Die 12 Bereiche des Bewußtseins (56 S.)
35. Die 12 Tempel der Religionen (84 S.)
36. Die 12 Aspekte eines einheitlichen spirituell-physikalischen Weltbildes (72 S.)
37. Die 12 Dynamiken der Verwandlung (44 S.)

- Sammelband 1 „Natur“ (492 S.)
- Sammelband 2 „Gesundheit“ (512 S.)
- Sammelband 3 „Bildung“ (524 S.)
- Sammelband 4 „Gesellschaft“ (416 S.)
- Sammelband 5 „Psyche“ (380 S.)

Englische Buch-Ausgaben

die „Anfänger"-Reihe

- The Synthesis of Physics and Magic (192 p.)
- Telepathy for Beginners (60 p.)
- Telepathy for Advanced Learners (52 p.)
- Telekinesis for Beginners (56 p.)
- Life Force for Beginners (76 p.)
- Kundalini for Beginners (104 p.)
- Astral Projection for Beginners (60 p.)
- Meditation for Beginners (60 p.)
- Prophecy for Beginners (60 p.)
- Ritual Magic for Beginners (64 p.)
- Magic Chant for Beginners (108 p.)
- Invocations for Beginners (52 p.)
- Evocations for Beginners (62 p.)
- Auto-Movement for Beginners (60 p.)
- Elves for Beginners (56 p.)
- Hypnosis for Beginners (56 p.)
- Love Magic for Beginners (52 p.)
- Money Magic for Beginners (60 p.)
- Magic Objects for Beginners (64 p.)
- Shamanism for Beginners (52 p.)
- Chakra-Magic for Beginners (148 p.)
- Language of the Moon – for Beginners (128 p.)
- Self Knowledge for Beginners (60 p.)
- Da'ath-Magic for Beginners (64 p.)
- Astrology for Beginners (112 p.)
- Number Symbolism for Beginners (64 p.)
- Mandalas for Beginners (76 p.)
- Crop Circles for Beginners (344 p.)
- Feng Shui for Beginners (96 p.)
- Magic Research for Beginners (140 p.)
- Magic for Beginners – Anthology I (636 p.)
- Magic for Beginners – Anthology II (616 p.)
- Magic for Beginners – Anthology III (684 p.)
- Magic for Beginners – Anthology IV (580 p.)

Eilenstein, Frater V.D., Knecht, Büdenbender

- Living Magic (261 S.) (= „Magie heute")

sonstige englische Ausgaben

- The Biography of the Devil (140 S.)
- The Synthesis of Physics and Magic (192 S.)
- The Chakra-System with the Minor Chakras (304 S.)